Damaris Bretzner

Die Borderline-Persönlichkeitsstörung im Handlungsfeld der sozialen Arbeit

Ein Überblick über Ursachen, Verlaufsformen und Interventionsmöglichkeiten

Diplomica Verlag GmbH

Bretzner, Damaris: Die Borderline-Persönlichkeitsstörung im Handlungsfeld der sozialen Arbeit: Ein Überblick über Ursachen, Verlaufsformen und Interventionsmöglichkeiten. Hamburg, Diplomica Verlag GmbH 2014

Buch-ISBN: 978-3-95850-621-3
PDF-eBook-ISBN: 978-3-95850-121-8
Druck/Herstellung: Diplomica® Verlag GmbH, Hamburg, 2014

Bibliografische Information der Deutschen Nationalbibliothek:
Die Deutsche Nationalbibliothek verzeichnet diese Publikation in der Deutschen Nationalbibliografie; detaillierte bibliografische Daten sind im Internet über http://dnb.d-nb.de abrufbar.

Hermannstal 119k, 22119 Hamburg
http://www.diplomica-verlag.de, Hamburg 2014
Printed in Germany

Inhaltsverzeichnis

1. Vorwort

Die Borderline-Störung stellt eine Persönlichkeitsstörung dar, die sich auf vielfältige Weise äußert und sowohl für die Betroffenen als auch für ihr Umfeld eine starke Belastung bedeuten kann. Unter anderem zählen Unsicherheit bezüglich des eigenen Selbstbildes, die Spaltung der Welt in Schwarz und Weiß sowie emotionale Instabilität, die unter anderem selbstschädigendes oder suizidales Verhalten mit sich bringen kann, zu den Erscheinungsformen der Störung. Den meisten Expertenschätzungen zufolge leiden ca. 2 % der Gesamtbevölkerung unter einer Borderline-Persönlichkeitsstörung, von einer steigenden Tendenz wird ausgegangen.

Mein Interesse an diesem Thema wurde durch den Besuch einer Ausstellung geweckt, in der unterschiedliche Berichte von Betroffenen zu lesen waren, in denen diese ihre Gefühle und ihre Situation schilderten. All diese Berichte besaßen die Gemeinsamkeit, dass sie ein verzweifeltes Ankämpfen gegen die Erkrankung und eine scheinbare Ausweglosigkeit, jemals von dieser Persönlichkeitsstörung geheilt zu werden, vermittelten. Die Verzweiflung und Hoffnungslosigkeit, die aus den Berichten sprach, waren erschütternd und führten mich zu der Frage, was in der Vergangenheit der Betroffenen vorgefallen sein musste, damit eine solche Störung entsteht. Zudem interessierte mich, ob die Situation der Betroffenen wirklich so ausweglos ist, wie sie in der Ausstellung vermittelt wurde, oder ob es nicht doch Chancen zur Heilung gibt.

Im vorliegenden Buch werde ich den genannten Fragen intensiver nachgehen. Hierbei stelle ich zunächst dar, welche Faktoren als Auslöser für eine Borderline-Persönlichkeitsstörung bekannt sind. Da sehr häufig traumatische Erlebnisse als ausschlaggebende Faktoren vermutet werden, möchte ich in diesem Abschnitt auch darauf eingehen, inwieweit auch noch andere Gegebenheiten für die Entstehung dieser Persönlichkeitsstörung ausschlaggebend sind. Außerdem werde ich der Frage nachgehen, ob wirklich keine oder kaum Heilungschancen bestehen, oder ob es auch Chancen gibt, von der Erkrankung zu genesen. Aufgrund meiner Berufstätigkeit als Sozialarbeiterin/-pädagogin gilt mein Interesse zudem der Frage, ob die Arbeit mit von der Störung Betroffenen nur ein Aufgabenfeld ist, das Psychologen und Ärzten vorbehalten ist, oder ob es hier auch Bereiche gibt, in denen Sozialarbeiter und andere Berufsgruppen tätig werden können. Aus diesem Grund werde ich mich in dem vorliegenden Buch auch mit dieser Frage beschäftigen.

Zu Beginn des Buches wird zunächst eine Begriffsklärung erfolgen, die sowohl die Definition des Fachlexikons der sozialen Arbeit, die Geschichte des Begriffs „Borderline-Persönlichkeitsstörung" und die Merkmale der Störung nach der ICD-10 umfasst. Außerdem wird hier auf die Häufigkeit der Störung genauer eingegangen. Anschließend erfolgt die Auseinandersetzung mit möglichen Ursachen der Erkrankung. Da sowohl genetische Faktoren als auch Umweltfaktoren ausschlaggebend sind, werden hier die unterschiedlichen Faktoren dargestellt werden. Danach werde ich auf Verlaufs- und Äußerungsformen der Erkrankung eingehen, wobei vor allem die im DSM-IV genannten Kriterien der Borderline-Persönlichkeitsstörung einen besonderen Stellenwert einnehmen werden. Nach diesem Teil des Buches erfolgt die Darstellung einiger Behandlungsmöglichkeiten der Störung, wobei zunächst einige Therapie- und Behandlungsmethoden vorgestellt werden und dann darauf eingegangen wird, welche Erfolge die Behandlung von Borderline-Persönlichkeitsstörungen erzielen kann. Neben einigen Zahlen aus Langzeitstudien werde ich am Beispiel der Recovery-Bewegung aufzeigen, wie wichtig auch das Vermitteln von Hoffnung ist.

Im weiteren Teil des Buches werde ich mich damit auseinandersetzen, in welchen Bereichen auch die Sozialarbeit in der Arbeit mit von der Störung Betroffenen tätig werden kann. Nach einer Definition der sozialen Arbeit und dem Vorstellen verschiedener Versorgungseinrichtungen werden verschiedene sozialarbeiterische Tätigkeitsfelder vorgestellt. Hierzu gehören unter anderem die Krankenhaussozialarbeit, die Öffentlichkeitsarbeit und die Angehörigenarbeit. Auch Grenzen der sozialen Arbeit werden in diesem Teil zur Sprache kommen. Zum Ende des Buches werden therapeutische Möglichkeiten dargestellt, in denen Sozialarbeiter mit Betroffenen arbeiten können.

Abschließend möchte ich darauf hinweisen, dass ich in der Arbeit aus Gründen der besseren Lesbarkeit meist die männliche Form gewählt habe. Ist also die Rede von „dem Betroffenen" oder „dem Sozialarbeiter", sind selbstverständlich auch weibliche Personen gemeint.

2. Begriffsklärung

Im folgenden Abschnitt wird auf den Begriff der Borderline-Persönlichkeitsstörung, den ich häufig mit BPS abkürzen werde, genauer eingegangen. Hier gebe ich zunächst wieder, wie das Fachlexikon der sozialen Arbeit die Störung definiert, danach wende ich mich der Geschichte des Begriffs zu. Anschließend werde ich die Ausführungen der ICD-10 zur Diagnose der Borderline-Persönlichkeitsstörung wiedergeben und einige Expertenschätzungen zur Häufigkeit der BPS in der Bevölkerung nennen.

2.1. Definition der Borderline-Persönlichkeitsstörung nach dem Fachlexikon der sozialen Arbeit

Das Fachlexikon der sozialen Arbeit beinhaltet eine Definition der Borderline-Persönlichkeitsstörung, die einen guten Überblick über die Störung liefert. Hier wird ausgeführt, dass sich die Störung ursprünglich auf das Grenzgebiet zwischen Neurose und Psychose bezog. In der heutigen, vor allem psychoanalytisch geprägten Vorstellung der Borderline-Störung werden vor allem die Unsicherheit des eigenen Selbstbildes sowie die emotionale Instabilität mit launenhaften und wechselnden Stimmungen hervorgehoben. Borderline-Patienten tendieren stark dazu, Impulse in vielfältiger selbstschädigender Weise unreflektiert auszuagieren. Dies geschieht beispielsweise durch Selbstverletzungen und Suizidversuche, durch gestörtes Ess- und Sexualverhalten und durch Drogen- und Alkoholmissbrauch.

Weiter führt das Lexikon aus, dass die Psychoanalyse den zentralen Abwehrmechanismus in der sogenannten Spaltung sieht. Dieser dient dazu, durch das Einteilen der Selbst- und Objektrepräsentanzen in positiv bzw. negativ diese intrapsychisch voneinander getrennt zu halten. Als Ursache hierfür werden frühere Traumatisierungen vermutet, durch die das Kind keine Möglichkeit erhielt, ein überwiegend positives innerseelisches Bild von sich selbst und seinen wichtigen Bezugspersonen auszubilden. Empirische Untersuchungen stützen diese Hypothese, da eine große Anzahl von Borderline-Patienten in ihrer Biographie Trennungserlebnissen, traumatischen Erlebnissen und sexuellem Missbrauch ausgesetzt war. Da diese Traumatisierungen auf neurobiologischer Ebene offenbar Spuren hinterlassen, können sie als Folge eine Hypersensitivierung mit sich bringen.

Die Borderline-Persönlichkeitsstörung galt lange Zeit als psychotherapeutisch schwierig zu behandeln, doch inzwischen hat sich, beispielsweise mit der Dialektisch-Behavioralen Verhaltenstherapie nach Linehan, ein wirksames, wenn auch aufwändiges Therapieverfahren etabliert. Auf diese Therapieform werde ich im Verlauf des Buches genauer eingehen. Eine zusätzliche pharmakologische Behandlung ist, vor allem beim Vorliegen affektiver Störungen, häufig sinnvoll (vgl. Zimmermann 2007, S. 142 f.).

Diese Definition gibt einige sehr wichtige Aspekte wieder, dennoch fehlen hier wichtige Gesichtspunkte. So werden in der Definition beispielsweise vor allem Traumatisierungen als Ursache der Störung beschrieben. Bevor ich jedoch auf weitere Ursachen eingehen werde, befasse ich mich zunächst mit der Geschichte des Borderline-Begriffs, der Diagnose nach der ICD-10 und der Häufigkeit der BPS.

2.2. Geschichte des Begriffs

Der Begriff Borderline bedeutet übersetzt Grenzlinie und wurde in den dreißiger Jahren des letzten Jahrhunderts als Sammelbegriff für Grenzfälle eingeführt, die zwischen den Kategorien Neurose und Psychose lagen. Dabei wurde festgestellt, dass es Patienten gab, die anhaltendere und tiefgreifendere Probleme als Neurotiker hatten, andererseits aber eine geringere Störung aufwiesen als Psychosekranke, wie beispielsweise an Schizophrenie erkrankte Menschen. So definierte sich die Borderlineerkrankung durch das, was sie nicht war, denn sie war mehr als eine Neurose und weniger als eine Psychose (vgl. Möhlenkamp 2004, S. 9). Als erster verwendete Adolph Stern den Begriff im Jahr 1938. Er nutzte ihn, um eine Patientengruppe zu beschreiben, die weder klassische Neurosen noch primäre Psychosen aufwies (vgl. Pfeifer/Bräumer 2004, S. 18). Stern arbeitete bestimmte Charakteristika der Borderline-Pathologie heraus. Hierzu gehörte beispielsweise die Tatsache, dass Borderline-Patienten ihren Therapeuten stark glorifizieren, solange er ihren Erwartungen entspricht, ihn jedoch schnell zum Feind deklarieren, wenn ihre Erwartungshaltung nicht mehr erfüllt wird.
Dass die Diagnose der Borderline-Persönlichkeitsstörung jedoch zu einem eigenständigen Krankheitsbild wurde, ist vor allem Otto F. Kernberg zu verdanken, der zwischen 1967 und 1975 eine Theorie der Borderline-Persönlichkeitsorganisation entwickelte. Hierbei war das wichtigste Kennzeichen eine spezifische Pathologie der Objektbeziehungen, bei der die Objekte in ganz gut und ganz böse aufgespaltet wurden. Außerdem betonte er eine Widersprüchlichkeit des Selbstbildes bis hin zur Identitätsdiffusion und sogenannte primitive Abwehrmechanismen wie vor allem die Spaltung, die Verleugnung und die Projektion.
Die von Kernberg entwickelte Konzeption der Borderline-Störung ging neben den von Gunderson und Singer entwickelten Kriterien in die Definition der Borderline-Persönlichkeitsstörung ein, als diese erstmals 1980 in das DSM-III (Diagnostisches und Statistisches Manual psychischer Störungen) aufgenommen wurde. Elf Jahre später erhielt

die Borderline-Persönlichkeitsstörung auch Einzug in die ICD-10 (Internationale Klassifikation psychischer Störungen der Weltgesundheitsorganisation) (vgl. Rohde-Dachser 2003, S. 9 f.). In den gegenwärtigen Klassifikationen ist sie inzwischen eine der empirisch am besten belegtesten Persönlichkeitsstörungen geworden (vgl. Herpertz/Saß 2000, S. 123).

Seit den 1960er Jahren wurde der Borderline-Begriff immer wieder wichtigen Schwerpunktsverlagerungen unterzogen. Zunächst war von einer Persönlichkeitsorganisation die Rede, später sprach man von einem Borderline-Syndrom, nun wird die Bezeichnung Borderline-Störung verwendet (vgl. Gunderson 2005, S. 31).

Aufgrund der Unterschiedlichkeit der Krankheitsmodelle Neurose und Psychose brachte der ursprüngliche Ansatz eine Unvereinbarkeit mit sich. Durch das Erklären des Begriffs mit Stücken aus den Krankheitsbildern Neurose und Psychose war er zunächst beliebig einsetzbar, was zur Folge hatte, dass die Diagnose sehr häufig gestellt wurde.
Außerdem führten psychotherapeutische Haltungen und Techniken vielfach zu keinem Erfolg, so dass Borderline zu einem Synonym für komplikationsreiche Therapien wurde. Dies brachte mit sich, dass die Diagnose auf psychotherapeutisch orientierte Helfer abschreckend wirkte, da es diesen häufig nicht gelang, zwischen den betroffenen Menschen selbst und den Schwierigkeiten in der Therapie zu unterscheiden. So wurde „der Borderliner" oft als Bedrohung empfunden und der Begriff Borderline zur Bezeichnung für problematische Patienten. Noch heute kommt es häufig vor, dass nach einer misslungenen Zusammenarbeit zwischen Helfer und Patient die Diagnose Borderline gestellt wird (vgl. Rahn 2003, S. 37). Außerdem ist es häufig nicht einfach, eine klare Diagnose zu stellen, da sich eine Borderline-Störung bei ein und derselben Person auf ganz unterschiedliche Weise äußern kann. Zudem weisen andere Persönlichkeitsstörungen zum Teil ähnliche Eigenschaften auf, beispielsweise die paranoide und schizotype, die narzisstische, die antisoziale und die abhängige Persönlichkeitsstörung (vgl. Pfeifer/Bräumer 2004, S. 28-30).

2.3. Die Diagnose der Borderline-Persönlichkeitsstörung in der ICD-10

Um nun ein genaueres Bild der BPS darzustellen, gebe ich im Folgenden wieder, welche Merkmale in der Internationalen Klassifikation psychischer Störungen (ICD-10) zu der Borderline-Persönlichkeitsstörung aufgeführt sind. Da in der Beschreibung des Borderline-Typs auf die allgemeinen Kriterien für eine Persönlichkeitsstörung (F60) und auf den impulsiven Typ (F60.30 B) Bezug genommen wird, werde ich zunächst wiedergeben, welche Merkmale dort aufgeführt sind.

Das Kapitel F60 bezieht sich auf spezifische Persönlichkeitsstörungen und führt folgende diagnostische Kriterien auf:

„G1. Die charakteristischen und dauerhaften inneren Erfahrungs- und Verhaltensmuster der Betroffenen weichen insgesamt deutlich von kulturell erwarteten und akzeptierten Vorgaben (‚Normen') ab. Diese Abweichung äußert sich in mehr als einem der folgenden Bereiche:

1. Kognition (d. h. Wahrnehmung und Interpretation von Dingen, Menschen und Ereignissen; entscheidende Einstellungen und Vorstellungen von sich und anderen);
2. Affektivität (Variationsbreite, Intensität und Angemessenheit der emotionalen Ansprechbarkeit und Reaktion);
3. Impulskontrolle und Bedürfnisbefriedigung;
4. Die Art des Umganges mit anderen Menschen und die Handhabung zwischenmenschlicher Beziehungen.

G2. Die Abweichung ist so ausgeprägt, dass das daraus resultierende Verhalten in vielen persönlichen und sozialen Situationen unflexibel, unangepasst oder auch auf andere Weise unzweckmäßig ist (nicht begrenzt auf einen speziellen auslösenden Stimulus oder eine bestimmte Situation).

G3. Persönlicher Leidensdruck, nachteiliger Einfluss auf die soziale Umwelt oder beides sind dem unter G2. beschriebenen Verhalten zuzuschreiben.

G4. Nachweis, dass die Abweichung stabil, von langer Dauer ist und im späten Kindesalter oder der Adoleszenz begonnen hat.

G5. Die Abweichung kann nicht durch das Vorliegen oder die Folge einer anderen psychischen Störung des Erwachsenenalters erklärt werden. Es können aber episodische oder chronische Zustandsbilder der Kapitel F0-F5 und F7 neben dieser Störung existieren oder sie überlagern.

G6. Eine organische Erkrankung, Verletzung oder deutliche Funktionsstörung des Gehirns müssen als mögliche Ursache für die Abweichung ausgeschlossen werden (falls eine solche Verursachung nachweisbar ist, soll die Kategorie F07 verwendet werden)" (Weltgesundheitsorganisation 2006, S. 220 f.).

F60.30 B bezieht sich auf den impulsiven Typ und nennt folgende Kriterien:

„1. deutliche Tendenz unerwartet und ohne Berücksichtigung der Konsequenzen zu handeln;
2. deutliche Tendenz zu Streitereien und Konflikten mit anderen, vor allem dann, wenn impulsive Handlungen unterbunden oder getadelt werden;
3. Neigung zu Ausbrüchen von Wut oder Gewalt mit Unfähigkeit zur Kontrolle explosiven Verhaltens;
4. Schwierigkeiten in der Beibehaltung von Handlungen, die nicht unmittelbar belohnt werden;
5. unbeständige und launische Stimmung“ (Weltgesundheitsorganisation 2006, S. 226).

Unter F60.31 bezieht sich die ICD-10 auf den Borderline-Typ. Hier ist folgendes aufgeführt:

„A. Die allgemeinen Kriterien für eine Persönlichkeitsstörung (F60) müssen erfüllt sein.

B. Mindestens drei der oben unter F 60.30 B. erwähnten Kriterien müssen vorliegen und zusätzlich mindestens zwei der folgenden Eigenschaften und Verhaltensweisen:

1. Störungen und Unsicherheit bezüglich Selbstbild, Zielen und ‚inneren Präferenzen' (einschließlich sexueller);
2. Neigung sich in intensive aber instabile Beziehungen einzulassen, oft mit der Folge von emotionalen Krisen;
3. übertriebene Bemühungen, das Verlassenwerden zu vermeiden;
4. wiederholt Drohungen oder Handlungen mit Selbstbeschädigung;
5. anhaltende Gefühle von Leere“ (Weltgesundheitsorganisation 2006, S. 227).

Da sich die ICD-10 bei ihrer Definition auf die allgemeinen Kriterien einer Persönlichkeitsstörung und auf den impulsiven Typ bezieht, ist es hier schwierig, auf all die genannten Kriterien gesondert einzugehen. Aus diesem Grund beziehe ich mich an späterer Stelle auf den Merkmalskatalog des amerikanischen DSM-IV und werde in diesem Zuge die dort genannten Merkmale genauer ausführen.

2.4. Häufigkeit der Störung in der Bevölkerung

Wissenschaftlichen Schätzungen zufolge weisen ca. 10 – 15 % der Bevölkerung Borderline-Probleme auf, ohne dass sie unter einer Persönlichkeitsstörung leiden. Borderline-typische Probleme umfassen beispielsweise mangelnde Kontrolle über die Affekte, die Neigung zum Schwarz-Weiß-Denken, ein labiles Selbstwertgefühl oder die Tatsache, sich oft unverstanden zu fühlen und mit anderen anzuecken. Diese Personen sind somit besonders empfindlich und unter Umständen weniger belastbar als andere Personen, sie können jedoch trotz ihrer Persönlichkeitsstruktur gut zurechtkommen und ein gefestigtes Selbstwertgefühl erlangen. Eine BPS liegt erst dann vor, wenn längerfristig erhebliche Beeinträchtigungen im persönlichen, beruflichen und sozialen Umfeld vorliegen (vgl. Möhlenkamp 2004, S. 21 f.).

Zu der Häufigkeit der Borderline-Störung gibt es unterschiedliche Angaben. Ewald Rahn spricht davon, dass ca. 2 % der Gesamtbevölkerung betroffen sind (vgl. Rahn 2003, S. 73), wogegen laut Gerd Möhlenkamp ca. 2-5 % der Bevölkerung unter einer ernsthaften Borderline-Störung leiden (vgl. Möhlenkamp 2004, S. 22). Sipos und Schweiger berichten, dass etwa 0,7 % der Allgemeinbevölkerung unter einer Borderline-Persönlichkeitsstörung mit Lebenszeitprävalenz leiden (vgl. Sipos/Schweiger 2005, S. 503). In Deutschland leiden laut Anne-Ev Ustorf ungefähr 1,5 Millionen Personen unter der Störung (vgl. Ustorf 2014, S. 44).

Frauen sind laut Rahn weitaus häufiger betroffen als Männer (vgl. Rahn 2003, S. 73). Von allen weibliche Patienten, die wegen einer psychischen Störung stationär aufgenommen werden, erfüllen bis zu 20 % die Kriterien einer BPS, bei Männern beträgt der Anteil 10 %. Sipos und Schweiger führen dies jedoch darauf zurück, dass Männer mehr Risikoverhalten zeigen und deshalb eher in neurologischen Rehabilitationseinrichtungen und Unfallkliniken behandelt werden. Außerdem sind sie eher in forensischen Einrichtungen oder im Strafvollzug untergebracht (vgl. Sipos/Schweiger 2005, S. 503). Diese Einschätzung teilen auch Bohus und Reicherzer, die darlegen, dass von der Störung betroffene Männer häufiger mit dem Gesetz in Konflikt geraten, da sie ihr Gefühl von Ohnmacht bzw. ihre Spannungszustände eher nach außen richten, wohingegen Frauen eher therapeutische Hilfe suchen (vgl. Bohus pp. 2012, S. 11).

3. Mögliche Ursachen der Borderline-Persönlichkeitsstörung

Wie in der Einleitung bereits angeklungen ist, gilt mein besonderes Interesse u. a. der Frage, welche Faktoren Auslöser für die Entstehung einer Borderline-Persönlichkeitsstörung sein können. Entgegen der Aussage des Fachlexikons der sozialen Arbeit, dass vor allem frühere Traumatisierungen ursächlich für die Entstehung der Störung sind, sind die Faktoren weitaus vielfältiger, wenn auch Traumatisierungen eine bedeutende Rolle in der Entstehung der BPS spielen.

In der vielfältigen Borderline-Literatur wird deutlich, dass eine Borderline-Störung normalerweise durch eine Wechselwirkung sozialer, psychologischer und biologischer Faktoren ausgelöst wird (vgl. Möhlenkamp 2004, S. 28), so dass gerade ein Zusammenspiel von genetischen und umweltabhängigen Faktoren für die Entstehung verantwortlich ist (vgl. Paris 2000 a, S. 164). Somit tragen sowohl angeborene Strukturen in der Persönlichkeit als auch ungünstige Entwicklungsbedingungen in der Kindheit zur Begünstigung einer Borderline-Störung bei. Da bei psychischen Störungen normalerweise unterschiedliche Teilursachen miteinander verknüpft sind, lassen sie sich zurückschauend meist nicht bis ins Einzelne auflösen (vgl. Möhlenkamp 2004, S. 34). Die meisten Wissenschaftler gehen davon aus, dass sowohl biologische als auch psychische und soziale Anteile für die Entstehung der Störung verantwortlich sind, so dass hier von einem biopsychosozialen Modell gesprochen werden kann (vgl. Bohus pp. 2012, S. 28).
Welche Ursachen letztendlich am ausschlaggebendsten für die Entwicklung einer BPS sind, ist nicht bekannt. Daher ist nicht sicher, ob angeborene Temperamentsunterschiede, die Zerrüttung der Familie, emotionale Vernachlässigung oder traumatische Erlebnisse einen besonderen Beitrag zur Entstehung der Störung leisten (vgl. Rohde-Dachser 2004, S. 132).

Da die Ursachen so vielfältig sind, werde ich im Folgenden die in der mir vorliegenden Literatur genannten Entstehungsfaktoren genauer darstellen. Beginnen werde ich meine Ausführungen mit genetischen Faktoren, dann gehe ich darauf ein, welche Auswirkungen ungünstige Beziehungserlebnisse in der Kindheit haben können. Abschließend werde ich auf die Bedeutung von Traumata bei der Entstehung der Störung eingehen.

3.1. Genetische Faktoren

Um die Relevanz genetischer Anlagen zu belegen, weist der Psychiater Samuel Pfeifer darauf hin, dass in der Verwandtschaft von Borderline-Betroffenen etwa fünfmal so viele Personen unter Persönlichkeitsstörungen oder schweren psychischen Krankheiten leiden wie in der übrigen Bevölkerung. Welche Auswirkung genetische Faktoren haben können, verdeutlicht er am Beispiel einer Frau, die kurz nach ihrer Geburt zur Adoption freigegeben wurde, da ihre Mutter unter einer schweren psychischen Störung litt. Obwohl sie in ihrer Adoptivfamilie viel Wärme und Zuwendung erhielt, entwickelte sie vielfältige Borderline-Symptome (vgl. Pfeifer/Bräumer 2004, S. 57).
Ewald Rahn, Arzt für Nervenheilkunde und Psychotherapeut, weist zudem darauf hin, dass seitens einiger Wissenschaftler davon ausgegangen wird, dass die bei der BPS vorhandene

emotionale Instabilität zu einem großen Teil auf Anlagefaktoren beruht. Eine solche Anlage führt zwar nicht automatisch zu einer Borderline-Störung, doch wenn dem Kind in seiner Entwicklung nicht vermittelt wird, wie es angemessen mit seinen Emotionen umgehen kann, wird die Entwicklung einer Borderline-Störung wahrscheinlicher (vgl. Rahn 2003, S. 33).

Häufig kann auch das Zusammenspiel zwischen genetischen Faktoren und den Reaktionen der Umwelt auf diese Faktoren eine Borderline-Störung begünstigen. Dies ist beispielsweise der Fall, wenn Personen genetisch bedingt Schwierigkeiten haben, emotionale Spannungen zu regulieren. Reagieren sie bereits bei recht geringfügigen Anlässen empfindlich, stoßen sie häufig auf wenig Verständnis bei ihren Mitmenschen. Dadurch werden sie bereits in ihrer Kindheit abgewertet, beispielsweise von überforderten Eltern, Lehrern oder Mitschülern. In Folge dessen erleben sie sich als Außenseiter und ihr Vertrauen in die eigene Wahrnehmung geht verloren. Durch die negativen Ereignisse ziehen sie sich je nach Temperament entweder ängstlich zurück oder gehen zur rücksichtslosen Offensive über. Dadurch wird ein Kreislauf aus biologischen Ursachen und negativen psychosozialen Folgewirkungen in Gang gesetzt, der die für eine Borderline-Störung typischen verfestigten Denk- und Verhaltensmuster mit sich bringt (vgl. Möhlenkamp 2004, S. 18 f.).
Auch eine nervöse Schwäche, die als Vulnerabilität bzw. besondere Verwundbarkeit bezeichnet wird, kann einen Kreislauf von genetischen Faktoren und Reaktionen der Umwelt in Gang setzen. Diese Schwäche kann angeboren sein oder durch geburtliche Komplikationen erworben werden. Kinder, die von einer solchen Schwäche betroffen sind, sind von Anfang an impulsiv, irritierbar, unruhig, leicht ablenkbar und schwer zu beruhigen. Die auftretenden Störungen, die häufig als ADS-Störungen, Hyperkinetische Störungen oder Zappelphilipp-Syndrom diagnostiziert werden, können eine Eltern-Kind-Beziehungsstörung verursachen, die später die Grundlage für Borderline-Probleme bilden kann (vgl. Möhlenkamp 2004, S. 16). Ebenso können starke emotionale Empfindlichkeit und hohe Sensitivät die Entstehung der Störung begünstigen. Bei gegebenem biologischen Risiko ist somit eine geringere psychosoziale Belastung ausreichend als bei Personen ohne biologisches Risiko, um eine psychische Störung zu entwickeln (vgl. Bohus pp. 2012, S. 28).
An diesen Beispielen wird deutlich, wie stark genetische Faktoren die Reaktionen der Umwelt beeinflussen können und dass gerade ein Zusammenspiel dieser Faktoren eine Borderline-Persönlichkeitsstörung begünstigen kann. Doch auch ungünstige familiäre Bedingungen, die nicht auf genetische Faktoren zurückzuführen sind, können ursächlich für die Entstehung einer BPS sein.

3.2. Unsichere und ungesunde Bindungen an Bezugspersonen

Häufig haben Borderline-Betroffene in ihrer Kindheit ungesunde oder unsichere Bindungserfahrungen gemacht. Diese Erfahrungen können sehr unterschiedlicher Art sein, sowohl eine vernachlässigende Haltung der Bezugspersonen als auch eine zu enge Bindung können sich negativ auf die Entwicklung des Kindes auswirken. Im Folgenden möchte ich einige ungünstige Beziehungskonstellationen aufzeigen, wobei dies nur eine kleine Auswahl aus der Vielzahl und Unterschiedlichkeit ungünstiger Beziehungskonstellationen ist.

Die Persönlichkeitsentwicklung eines Kindes kann stark negativ beeinträchtigt werden, wenn keine verlässliche Bezugsperson verfügbar ist. Dies liegt beispielsweise dann vor, wenn das Kind bereits früh Trennungen oder Beziehungsbrüchen ausgesetzt ist, die elterliche Fürsorge nicht einmal geringfügig gewährleistet ist oder das Kind keine liebevolle Annahme seitens der Mutter erhält. Da es hier keine äußere Sicherheit und keine innere Ruhe erfährt, kann sich das Grundvertrauen im Beziehungsbereich nicht entwickeln. Zudem wird es ihm erschwert, die Welt zu verstehen und Wahrnehmungen zu ordnen (vgl. Möhlenkamp 2004, S. 27). Um ein Urvertrauen entwickeln zu können, ist die Erfahrung, dass die wichtigsten Bezugspersonen es gut meinen und verlässlich sind, sehr wichtig. Ist die Beziehung zur Mutter oder einer anderen wichtigen Bezugsperson von Anfang an durch Verunsicherungen geprägt, zieht dies weitere Verunsicherungen nach sich, so dass sich die Fehlentwicklung des frühen Kindesalters im weiteren Leben fortsetzt (vgl. Möhlenkamp 2004, S. 13).
Macht ein Kind in seinen ersten Lebensjahren nicht die Erfahrung einer haltgebenden emotionalen Beziehung, kann zudem das Gefühl entstehen, es sei halt- und kraftlos. Dies kann die Entwicklung eines stabilen Selbstbewusstseins negativ beeinträchtigen, zudem wird durch das Grundgefühl, dass etwas Wichtiges im Leben fehlt, häufig die Sehnsucht nach einer alles gutmachenden und heilenden Liebe geweckt (vgl. Möhlenkamp 2004, S. 15). Diese Sehnsucht macht es nachvollziehbar, warum die Beziehungen von Borderline-Persönlichkeiten häufig von Klammern und großem Misstrauen geprägt sind. Auf die Beziehungsgestaltung der Betroffenen werde ich an späterer Stelle genauer eingehen.

Die Gründe, warum eine Mutter nicht in der Lage ist, eine emotionale Beziehung zu ihrem Kind aufzubauen, können sehr vielfältig sein. Beispielsweise kann die Fähigkeit der Mutter, andere zu lieben, dadurch begrenzt sein, dass sie selbst nicht genug Liebe erfahren hat. Doch auch eheliche Konflikte oder eine starke Belastung der Mutter können dazu beitragen, dass diese nicht in der Lage ist, dem Kind die nötige Aufmerksamkeit entgegen zu bringen.

Zudem können anstrengende Babys bewirken, dass die Eltern-Kind-Interaktion von Gereiztheit, Hilflosigkeit und Aufgeregtheit geprägt ist (vgl. Möhlenkamp 2004, S. 16). Zudem werden die Eltern der Kinder, die in einem gewaltvollen Umfeld aufwachsen, häufig selber von diesen Erfahrungen traumatisiert, so dass auch sie hilflos und hoffnungslos sind. Somit sind sie für das Kind häufig nicht mehr emotional verfügbar, können nicht mehr auf seine Bedürfnisse eingehen und bieten ihm nur wenig Stabilität (vgl. Osofsky 2000, S. 746).

Da die Grundhaltung und die Einstellung der Eltern gegenüber ihrem Kind einen wesentlichen Einfluss haben, stellt auch die Unerwünschtheit eines Kindes eine ungünstige Entwicklungsvoraussetzung dar. Auch wenn Eltern ihrem Kind nie offen mitteilen, dass es nicht erwünscht war, äußert sich dies häufig in der Atmosphäre. Dies wirkt sich auf die gesamte Entwicklung des Kindes blockierend aus, da sich Kinder, die wahrnehmen, dass sie nicht erwünscht sind, nicht zugehörig und angenommen fühlen können. Bekommt ein Kind von seinen Eltern immer wieder mitgeteilt, es sei erwünscht, obwohl es fortlaufend das Gefühl hat, nicht erwünscht zu sein, kann dies zudem dazu führen, dass es seinen eigenen Gefühlen nicht mehr traut und diese entwertet und unterdrückt. Das Misstrauen in die eigenen Gefühle ist bei sehr vielen Borderline-Betroffenen vorzufinden.
Andere Eltern lassen ihre Kinder deutlicher spüren, dass sie nicht erwünscht waren. Dies geschieht teilweise in direkten Mitteilungen der Eltern, in anderen Fällen wird es indirekter ausgedrückt, beispielsweise wenn dem Kind keine positiven Lebensaussichten, Leistungsfähigkeit oder Erfolge zugestanden werden. Vor allem Mütter, bei denen Abtreibungsversuche misslungen sind oder die Abtreibungsphantasien hatten, können ihrem Kind später manchmal keinen Wert beimessen. Eher neigen sie dazu, es zu demütigen, zu entmutigen und abzuwerten, um ihr eigenes Schuldgefühl abzuwehren, da sie sich bei jedem Erfolg des Kindes vorwerfen, dass sie ein so wunderbares Kind nicht gewollt hatten. Doch diese Abwehr des Schuldgefühls geschieht auf Kosten des Kindes, dem alle positiven Eigenschaften und Erfolge aberkannt werden (vgl. Reinert 2004, S. 112-116). Ein solches Verhalten der Eltern kann sich sehr nachteilig auf die Entwicklung eines gesunden Selbstbewusstseins des Kindes auswirken und zur Folge haben, dass sich das Kind infolge dessen trotz seiner Erfolge als minderwertig und nicht liebenswert einschätzt.

Ein weiterer Risikofaktor liegt vor, wenn eine Mutter dann am zufriedensten ist, wenn ihr Kind vollkommen von ihr abhängig ist. Beginnt das Kind im Rahmen der normalen Entwicklung selbständig zu werden, indem es die Umgebung erforscht, Neugier entwickelt

und sich verselbständigt, reagiert die Mutter mit Ablehnung. Sie kann es nur dulden, wenn das Kind sich an sie klammert und zieht sich zurück, wenn es sich separiert. Dadurch ist sie in einem wichtigen Entwicklungszeitpunkt, in dem das Kind seine Gefühle mit ihr teilen und erleben müsste, nicht verfügbar oder zurückweisend (vgl. Osofsky 2000, S. 743).
Gewähren Eltern ihren Kindern keinen Raum für Eigenständigkeit, Individualität und Abgrenzung und machen ihre Kinder somit zum Selbstobjekt, kann dies bei den Kindern das Entwickeln der Grenzziehungsfähigkeit behindern (vgl. Reinert 2004, S. 125).

Auch eine Eltern-Kind-Konstellation, in der das Kind beim Zeigen von Individualität befürchten muss, dass dies zu Missbilligung, Bestrafung oder sogar zu Ausgestoßensein führen kann, kann sich nachteilig auf die Entwicklung des Kindes auswirken. Es kann dazu kommen, dass das Kind innerhalb der eigenen Familie unter großer Einsamkeit leidet. Deshalb muss es sich zur Vermeidung größerer Katastrophen mit der Situation in der Familie arrangieren und Möglichkeiten finden, auf irgendeine Art sein Selbst zu behalten (vgl. Reinert 2004, S. 132 f.). Wie später noch ausgeführt wird, gehört ein tiefes Gefühl von Leere zu den Kriterien des DSM-IV. Ein großes Einsamkeitsgefühl in der Kindheit kann sicherlich ebenso mit verantwortlich für die empfundene Leere sein wie auch das Verbot, seine eigene Individualität zu erkennen und zu zeigen.

3.3. Traumatische Erlebnisse

Wie bereits zu Beginn des Buches angeklungen, ist ein häufiger Faktor für die Entstehung der Borderline-Persönlichkeitsstörung das Vorliegen von traumatischen Erlebnissen. Traumata sind häufig in der Biographie von Borderline-Betroffenen zu finden, doch wie bereits deutlich wurde, stellen sie nicht die einzige Ursache für die Entstehung der Störung dar.
Die Relevanz der traumatischen Erfahrungen bei der Entstehung der Störung macht Stavros Mentzos deutlich, indem er berichtet, dass bei ca. 70 % aller Borderline-Patienten Traumatisierungen, sexueller Missbrauch oder andere Misshandlungen in der Kindheit vorlagen. In der Gesamtbevölkerung hingegen waren schätzungsweise 20-25 % aller Personen solchen Ereignissen ausgesetzt, wobei jedoch nur ca. 2 % der Bevölkerung eine Borderline-Persönlichkeitsstörung aufweisen. Dies macht deutlich, dass Traumata nicht für sich allein, sondern im Zusammenhang mit anderen Faktoren wirken. Gerade wenn kompensierende Faktoren wie beispielsweise eine empathische Begleitung nicht vorhanden sind, ist die Gefahr groß, dass traumatische Erfahrungen negative Folgen für die Betroffenen

haben (vgl. Mentzos 2003, S. 59). Zudem haben die Reaktionen der Bezugspersonen auf fatale Ereignisse starken Einfluss darauf, ob ein traumatisches Erlebnis tiefgreifende Auswirkungen für das betroffene Kind mit sich bringt. Diese Reaktionen tragen stark zum subjektiven Erleben und Verarbeiten des Erlebnisses bei und bestimmen somit die Folgen (vgl. Rahn 2003, S. 69 f.). Außerdem hängen traumatische Erlebnisse wie physische und psychische Misshandlung oder sexueller Missbrauch häufig mit allgemeiner emotionaler Vernachlässigung zusammen (vgl. Möhlenkamp 2004, S. 35). In Familien, in denen Kinder lange Zeit traumatischen Ereignissen ausgesetzt sind, kommen zu diesen Erlebnissen häufig weitere ungute Entwicklungsbedingungen. Haltgebende Faktoren wie stabile Strukturen, eine aktive Erziehung oder eine beruhigende Anwesenheit von Bezugspersonen sind häufig nicht vorhanden (vgl. Ruiz-Sancho/Gunderson 2000, S. 780). Somit sind traumatische Erfahrungen in der Kindheit häufig in eine traumatische Beziehung eingebettet, der das Kind nicht entrinnen kann (vgl. Rohde-Dachser 2003, S. 22).
Hieran wird wieder einmal das Zusammenspiel unterschiedlicher Faktoren deutlich, das das Entstehen einer Borderline-Persönlichkeitsstörung begünstigen oder verhindern kann. Dass auch die persönliche Beschaffenheit des Kindes Einfluss darauf hat, ob durch eine Traumatisierung eine Persönlichkeitsstörung hervorgerufen wird, macht Joel Paris deutlich. Er führt aus, dass traumatische Erfahrungen auf verschiedene Persönlichkeitstypen unterschiedliche Effekte haben und nicht bei jedem Menschen eine Persönlichkeitsstörung auslösen (vgl. Paris 2000 a, S. 164).

Zudem ist meist nicht ein einzelnes traumatisches Ereignis in der Kindheit ausschlaggebend für die Entwicklung einer Persönlichkeitsstörung, vielmehr bilden chronische und wiederholte traumatische Erfahrungen einen Nährboden für die Entstehung einer Störung (vgl. Ruiz-Sancho/Gunderson 2000, S. 780). Auch die Schwere der Traumatisierung ist ausschlaggebend, je schwerer die Traumatisierung war, desto stärker kann sie sich nachteilig auf die seelische Stabilität auswirken (vgl. Pfeifer/Bräumer 2004, S. 54).

In der Literatur ist unter den Ausführungen zu traumatisierenden Ereignissen in der Kindheit vor allem von sexuellem Missbrauch die Rede. Dies bringt die Vermutung nahe, dass Missbrauch die häufigste traumatische Erfahrung in der Kindheit von Borderline-Betroffenen ist.

Sexueller Missbrauch umfasst ein weites Feld und liegt dann vor, wenn der Täter zu seiner Bedürfnisbefriedigung dem Opfer sexuelle Handlungen aufzwingt. Somit gehört nicht nur Vergewaltigung zu dieser Rubrik, bereits das Streicheln des Kindes zur Bedürfniserfüllung des Täters ist als sexueller Missbrauch zu bezeichnen. Missbrauchserlebnisse hinterlassen bei dem Kind eine außerordentliche seelische Belastung (vgl. Pfeifer/Bräumer 2004, S. 81 f.) und können den Verlust von Vertrauen und des Gefühls von Sicherheit mit sich bringen. Häufig ist das Kind über das Geschehen verwirrt und erlebt Angst, Schmerz und Hilflosigkeit. Zudem kann die Verpflichtung zur Geheimhaltung dazu führen, dass sich das Kind isoliert fühlt. Außerdem schämen sich manche Kinder oder halten sich für schuldig, da sie davon ausgehen, dass so nur ein böses Kind behandelt werden kann (vgl. Pfeifer/Bräumer 2004, S. 84).
Auch im Erwachsenenalter ist das Empfinden vieler Borderline-Betroffener von Angst, Schmerz, Hilflosigkeit und fehlendem Vertrauen geprägt. Zudem wird auch das im Rahmen einer Borderline-Störung häufig auftretende selbstverletzende Verhalten mitunter genutzt, um sich selbst zu bestrafen. Es ist gut vorstellbar, dass solche Empfindungen und Verhaltensweisen auf Missbrauchserlebnissen in der Kindheit basieren.

Ein Kind, das von seinem Vater oder dem Lebenspartner seiner Mutter missbraucht wird und erlebt, dass die Mutter als schweigende Dulderin nicht eingreift, erlebt eine ambivalente Elternbeziehung, vor allem dann, wenn es von den Eltern mitgeteilt bekommt, sie würden es lieben, andererseits aber auferlegt bekommt, nicht über den Missbrauch zu sprechen. Diese ambivalente und verwirrende Elternbeziehung kann eine bleibende Instabilität auslösen (vgl. Pfeifer/Bräumer 2004, S. 87). Das Kind kann heftige Gefühle von Liebe, Hass und Misstrauen gleichzeitig erleben, da es sich von einer geliebten nahestehenden Person betrogen fühlt. Es kann zu schweren Störungen in den Objektbeziehungen, insbesondere auf dem Gebiet der Intimität, kommen. Mädchen, die Missbrauchserfahrungen ausgesetzt waren, entwickeln häufig eine gespaltene Einstellung, sowohl zu dem missbrauchenden Verwandten als auch zu sich selbst (vgl. Stone 2000 a, S. 8).

Michael H. Stone führt aus, dass bei der Hälfte bis zu einem Dreiviertel aller heutzutage stationär aufgenommenen weiblichen Borderline-Patienten in Westeuropa, Amerika und Australien Inzest in der Vorgeschichte zu finden ist. Die Auswirkungen sind ihm zufolge besonders schwerwiegend, wenn das Kind noch sehr jung ist. Er erwähnt, dass bei Mädchen das Risiko, Opfer eines Inzests zu werden, etwa um das Sechsfache höher ist als bei Jungen (vgl. Stone 2000 a, S. 8). Christa Rohde-Dachser hingegen berichtet, dass ungefähr drei Viertel der Borderline-Patienten weiblich sind und dass Mädchen zwei- bis dreimal so häufig wie Jungen von sexuellem Missbrauch betroffen sind (vgl. Rohde-Dachser 2004, S. 127). Auch wenn die Aussagen von Stone und Rohde-Dachser unterschiedliche Zahlen aufweisen, wird recht deutlich, dass ein Zusammenhang zwischen sexuellem Missbrauch und der Entwicklung einer Borderline-Persönlichkeitsstörung wahrscheinlich ist. Zwar gibt Reinert zu bedenken, dass der hohe Anteil an Frauen mit einer Borderline-Diagnose evtl. auch dadurch zu erklären ist, dass von Borderline-Störungen betroffene Frauen eher psychotherapeutische Hilfe aufsuchen, während betroffene Männer eher inhaftiert oder forensisch untergebrachte werden (vgl. Reinert 2004, S. 103), dennoch ist es gut vorstellbar, dass auch Missbrauchserlebnisse für den hohen Frauenanteil mit verantwortlich sind.

Die Wahrscheinlichkeit, dass sexueller Missbrauch mit ursächlich für die Entstehung einer Borderline-Persönlichkeitsstörung sein kann, wird zudem deutlich, wenn man die von Ursula Wirtz genannten Symptome betrachtet, die auf sexuelle Übergriffe in der Kindheit hinweisen. Von der Vielzahl der von ihr genannten Symptome werde ich einige exemplarisch aufführen, da diese häufig bei Borderline-Patienten zu verzeichnen sind. Hierzu gehören Selbsttötungsphantasien bzw. Selbsttötungsversuche, selbstzerstörerische Handlungen, Suchtverhalten (z. B. Essen, Alkohol, Drogen), Probleme zu vertrauen oder Unfähigkeit zur Einschätzung der Vertrauenswürdigkeit eines Menschen, Minderwertigkeitsgefühle, wiederholter Missbrauch in Beziehungen, stark konflikthafte Beziehungen, Abspalten von Gefühlen, Aufbau von Phantasiewelten und Ekel vor allem Körperlichen (vgl. Wirtz 1990, S. 88 f.). Zudem möchte ich auf die Ausführungen von Möhlenkamp hinweisen, der mitteilt, dass sexueller Missbrauch häufig bei besonders schweren Borderline-Störungen mit schweren dissoziativen Störungen und häufiger Selbstverletzung vorliegt (vgl. Möhlenkamp 2004, S. 35 f.).

Doch nicht nur Missbrauch, auch emotionale Misshandlung kann tiefe Spuren in der Seele eines Kindes hinterlassen. Emotionale Misshandlung liegt beispielsweise dann vor, wenn eine Mutter ihr achtjähriges Kind aufgrund eines geringfügigen Vergehens in seinem Zimmer einsperrt und das Haus dann für viele Stunden verlässt, ohne dass das Kind die Möglichkeit hat, zur Toilette zu gehen oder etwas zu essen (vgl. Pfeifer/Bräumer 2004, S. 55). Solche Erlebnisse stehen häufig in Verbindung mit einer schwierigen emotionalen Beziehung, da das

Kind hier seine Bezugsperson nicht als liebevoll und verlässlich erlebt, sondern großer Angst und Ungewissheit ausgesetzt ist.

Erstaunlich selten war in der Literatur von körperlicher Misshandlung durch Eltern die Rede. Joel Paris zeigt auf, dass 73 % aller Borderline-Patienten von Misshandlungen berichten. Er weist jedoch darauf hin, dass auch bei Patienten mit anderen Persönlichkeitsstörungen hohe Zahlen an körperlichen Misshandlungen in der Vergangenheit vorherrschen (vgl. Paris 2000 a, S. 162).
Nicht nur das direkte Betroffensein von körperlicher Misshandlung kann sich traumatisierend auswirken, sondern auch das Miterleben von Gewalt. Ein Kind, dessen Vater alkoholisiert nach Hause kommt und die Mutter tätlich angreift, ist großer Hilflosigkeit und Angst ausgesetzt. Dies kann ihm den festen Boden von Sicherheit und seelischer Stabilität entziehen und somit zu seelischer Instabilität führen (vgl. Pfeifer/Bräumer 2004, S. 55).

4. Verlaufs- und Äußerungsformen

Nachdem nun unterschiedliche Faktoren genannt wurden, die an der Entstehung einer Borderline-Störung maßgeblich beteiligt sein können, befasse ich mich im nächsten Abschnitt mit dem Verlauf von Borderline-Erkrankungen. Hierbei gehe ich zunächst darauf ein, in welchem Alter Borderline-Persönlichkeitsstörungen in der Regel beginnen, sich zu manifestieren. Anschließend befasse ich mich mit den im DSM-IV genannten Merkmalen, die im Verlauf einer BPS häufig auftreten. Dabei werden viele der im letzten Abschnitt genannten Folgen von komplizierten emotionalen Bindungen und traumatischen Erlebnissen wieder zu finden sein.

4.1. Der Verlauf der Störung

Wie im letzten Abschnitt erkennbar wurde, werden die Grundlagen für die Entwicklung einer BPS häufig in der frühen Kindheit gelegt. Zum Ausbruch kommt die Störung jedoch meist erst in der Adoleszenz oder im jungen Erwachsenenalter. Laut Rahn liegt dies daran, dass gerade in dieser Zeit die sozialen Aufgabenstellungen wie zum Beispiel erste Schritte zur beruflichen Identität, die Loslösung von der Primärfamilie, das Eingehen von Partnerschaften sowie die körperliche und psychische Veränderung die emotionalen Ressourcen eines Menschen fordern bzw. überfordern (vgl. Rahn 2003, S. 25).

Nach dem ersten Auftreten von Störungssymptomen gelingt es den Betroffenen häufig immer wieder, ihr Leben in den Griff zu bekommen und den Einstieg ins Erwachsenenalter zu schaffen. Bei einigen kommt es zu einer stürmischen Teenagerzeit, nach der sie jedoch ihre Stabilität zurückgewinnen und ruhigere Abschnitte in ihrem Leben zu verzeichnen sind. Doch wenn Krisen und Konflikte auftauchen, kann dies erneute Komplikationen hervorrufen (vgl. Pfeifer/Bräumer 2004, S. 114). Laut Pfeifer treten vor allem im frühen Erwachsenenalter Episoden auf, in denen die Betroffenen ihre Impulse und Stimmungen nicht mehr kontrollieren können. Suizidrisiko und störungsbedingte Einschränkungen sind vor allem in der Jugendzeit groß und lassen mit zunehmendem Alter allmählich nach. Im Alter zwischen dreißig und vierzig Jahren erhalten viele Betroffene eine größere Stabilität in ihren Lebensaufgaben und in ihren Beziehungen (vgl. Pfeifer/Bräumer 2004, S. 28). Nach dem 45. Lebensjahr besteht nur noch bei 0,5 % der in Deutschland lebenden Personen die Diagnose einer Borderline-Störung (vgl. Bohus 2012, S. 11).

Robert C. Abrams weist jedoch darauf hin, dass Persönlichkeitsstörungen auch bei älteren Patienten vorkommen, auch wenn dies seltener ist als bei jüngeren Patienten. Somit sind auch Borderline-Störungen im Alter seltener, nehmen aber dennoch eine bedeutsame Stellung ein. Er stellt außerdem die Frage, ob die Persönlichkeitsstörungen durch den Alterungseffekt wirklich abnehmen oder ob hier nur eine altersabhängige Verzerrung der diagnostischen Kriterien vorliegt (vgl. Abrams 2000, S. 809).
Auch Ewald Rahn vermutet, dass bei einigen Betroffenen die Symptome durch das Alter modifiziert werden und andere Symptome an deren Stelle treten. Andererseits nimmt er jedoch auch an, dass im Laufe der Zeit bei vielen Betroffenen eine Besserung eintritt. Damit gibt er der Erkrankung eine gute Prognose (vgl. Rahn 2003, S. 74).
Da mein besonderes Interesse der Frage gilt, ob Borderline-Persönlichkeitsstörungen heilbar sind, werde ich auf den Langzeitverlauf der Störung an späterer Stelle gesondert eingehen.

4.2. Äußerungsformen

Von der Borderline-Persönlichkeitsstörung betroffene Personen verfügen meist über eine intensive Emotionalität, die sich zum einen positiv, z.B. in einer hohen Begeisterungsfähigkeit, äußern kann, andererseits aber auch problematisch sein kann, z.B. indem Personen oder Dingen impulsiv abgelehnt werden (vgl. Schmitz pp. 2001, S. 101). Wie bereits in der ICD-10 deutlich wurde, sind die Äußerungsformen der Borderline-Störung sehr unterschiedlich. Im Folgenden werde ich bezugnehmend auf das amerikanische DSM-

IV (Diagnostic und Statistic Manual) darauf eingehen, auf welche Weise sich Borderline-Störungen äußern können. Hierzu werde ich die jeweiligen Kriterien der Reihe nach vorstellen und genauer erläutern.
Nach dem DSM-IV (301.83) ist die Borderline-Persönlichkeitsstörung „Ein tiefgreifendes Muster von Instabilität in zwischenmenschlichen Beziehungen, im Selbstbild und in den Affekten sowie von deutlicher Impulsivität. Der Beginn liegt im frühen Erwachsenenalter und manifestiert sich in den verschiedenen Lebensbereichen. Mindestens 5 der folgenden Kriterien müssen erfüllt sein:“ (DSM-IV).

4.2.1. Vermeidung von Verlassenwerden

„(1) Verzweifeltes Bemühen, tatsächliches oder vermutetes Verlassenwerden zu vermeiden. **Beachte:** Hier werden keine suizidalen oder selbstverletzenden Handlungen berücksichtigt, die in Kriterium 5 enthalten sind“ (DSM-IV).
Viele von der Störung Betroffene wollen das Bedürfnis nach Geborgenheit, Nähe und Versorgung, das ihnen als Kleinkind nicht genügend vermittelt wurde, ausgleichen. Gleichzeitig haben sie Angst, eine andere Person zu verlieren oder negative Eigenschaften an ihr zu entdecken (vgl. Reinert 2004, S. 195). Da sie zutiefst daran zweifeln, dass sie wirklich liebenswerte und beziehungsfähige Menschen sind, haben sie neben ihrer Sehnsucht nach Geborgenheit und Liebe große Angst vor Verletzungen und Enttäuschungen. Es fällt ihnen schwer, zu vertrauen, immer wieder drängen sich Misstrauen und Unsicherheit in ihre Gedanken.
Aus diesem Grund kommt es dazu, dass sie in Beziehungen ein Verhaltensmuster zeigen, das von Kontrolle, ständiger Rückversicherung, Klammern und Bestätigungssucht geprägt ist. Geringfügige Anlässe wie beispielsweise ein kritischer Unterton oder ein falscher Blick und sogar misstrauische Vorstellungen können ausreichen, um Verunsicherungen auszulösen.
Partnerschaften von Borderline-Betroffenen sind somit häufig von Kontrolle gekennzeichnet. Bemüht sich der Partner um Eigenständigkeit, kann dies der Betroffenen abwerten, indem er eine Opferposition einnimmt oder dem Partner vorwirft, er sei egoistisch. Hierdurch kann er bei dem beschuldigten Partner ein schlechtes Gewissen erzeugen, so dass sich dieser nicht mehr traut, für sich einzutreten (vgl. Möhlenkamp 2004, S. 49 f.).
Nimmt der Partner noch andere Beziehungen auf oder unterhält diese, kann dies bei einigen Borderline-Betroffenen zu starken Eifersuchtsreaktionen und dem aggressiven Einfordern einer Zweierbeziehung führen (vgl. Reinert 2004, S. 195).

Bereits kleine Enttäuschungen genügen, um die Beziehungssicherheit zusammenbrechen zu lassen. Da kein echtes Vertrauen besteht, werden die Beziehungen immer wieder getestet und überprüft (vgl. Möhlenkamp 2004, S. 28).
Die Tatsache, dass sich viele Borderline-Betroffene an ihre aktuelle Bezugsperson klammern und Angst davor haben, sie zu verlieren, ist sicher im engen Zusammenhang mit einem frühen Erleben von Trennungen bzw. unsicheren Beziehungen zu sehen. Da sie früher schon starke zwischenmenschliche Verluste erlebt haben, möchten sie vermeiden, dass sich diese wiederholen.

Eine Trennung bedeutet für viele Borderline-Betroffene eine Katastrophe. Häufig ist sie mit dem Gefühl verbunden, mit dem Verlust des anderen sich selbst zu verlieren. Dies ist vergleichbar mit dem Empfinden eines Kleinkindes, das den mütterlichen Kontakt verliert.
In einigen Fällen versuchen die Betroffenen immer wieder neu, die Beziehung zurück zu holen oder setzen die Beziehung auf der Fantasie- und Gefühlsebene fort. Dadurch entwickeln sich mitunter realitätsfremde Liebesfantasien, die sich zu verfolgendem Liebeswahn steigern können. Auch können Borderline-Betroffene mit ihrem Ex-Partner durch Hassgefühle verbunden sein, die sich bis zu Verfolgung, Gewaltanwendung und Nachspionieren steigern können (vgl. Möhlenkamp 2004, S. 51).
Die erlittenen Enttäuschungen bleiben oft ein Leben lang so präsent, als seien sie gerade erst geschehen. Sie führen bei den Betroffenen immer wieder zu Grübeleien, Rachegedanken und Selbstzweifeln, so dass sie sich häufig auf nichts anderes konzentrieren können, schlecht schlafen oder unter körperlichen Beschwerden leiden (vgl. Möhlenkamp 2004, S. 24).

4.2.2. Instabile zwischenmenschliche Beziehungen und Schwarz-Weiß-Denken

„(2) Ein Muster instabiler, aber intensiver zwischenmenschlicher Beziehungen, das durch einen Wechsel zwischen den Extremen der Idealisierung und Entwertung gekennzeichnet ist" (DSM-IV).
Häufig sind im Leben Borderline-Betroffener viele kurz andauernde Beziehungen zu finden, die mit Begeisterung für den anderen beginnen und oft mit Enttäuschung, Streit und Trennung enden. Borderline-Persönlichkeiten neigen dazu, das Gegenüber zu Beginn einer Beziehung nur positiv zu sehen und die Aspekte, die nicht in das Wunschbild passen, auszublenden. So schaffen sie sich ein nicht realistisches Bild des Anderen (vgl. Reinert 2004, S. 193).

Grund dafür ist die bei der BPS häufig vorhandene Neigung, die Welt in Schwarz und Weiß aufzuteilen. Diese Aufteilung kann den Betroffenen das Gefühl vermitteln, genau zu wissen, woran sie sind, während Zwischentöne Irritationen hervorrufen können. Aus diesem Grund teilen viele Borderline-Betroffene andere Menschen in Freund oder Feind auf, ebenso werden auch Einstellungen und Meinungen nach dem Muster genau richtig oder absolut falsch eingeteilt. Neutralität gibt es hierbei nicht. Die Tatsache, dass eine Person sowohl positive als auch negative Eigenschaften haben kann und dass man auf eine andere Person wütend sein kann, ohne dass sich die positive Grundeinstellung ihr gegenüber verändert, ist für Borderline-Persönlichkeiten meist unvorstellbar (vgl. Möhlenkamp 2004, S. 10). Sie können es laut Koenigsberg emotional nicht zulassen, schlechte Anteile einer Person mit deren guten Anteilen zu verknüpfen, da sie Angst haben, das gute Objekt zu verlieren, weil es von dem schlechten ausgelöscht wurde. Deshalb trennen sie gute und schlechte Objekte durch den Abwehrmechanismus der Spaltung voneinander (vgl. Koenigsberg 2000, S. 87).

Es fällt den Betroffenen schwer, Ambivalenzen zu ertragen, da diese für sie Unsicherheit bedeuten, was darauf zurückzuführen ist, dass sie selbst in großer Unsicherheit aufgewachsen sind. Sie müssen daher schnell vermeintliche Sicherheit herstellen (vgl. Ustorf 2014, S. 46). Ist eine Situation oder ein Menschen nur schwierig einzuschätzen, fällt es Borderline-Betroffenen schwer, den Zustand der Orientierungslosigkeit auszuhalten. Aus diesem Grund greifen sie schnell zu einer Notlösung, indem ihre Personen- bzw. Situationseinschätzung entweder in das eine oder das andere Extrem kippt, auch wenn offensichtlich ist, dass diese Einschätzung nicht der Realität entspricht. Häufig kippt sie zum negativen Pol, manchmal jedoch erscheint auch alles nur positiv (vgl. Möhlenkamp 2004, S. 25 f.).

Otto F. Kernberg prägte bezugnehmend auf die Spaltung den Begriff des primitiven Abwehrmechanismus. Er sagt hierzu folgendes: „Die primitiven Abwehrmechanismen ... bestehen in erster Linie aus der Spaltung oder primitiven Dissoziation ..., bei der es zu einer totalen emotionalen Trennung gegensätzlicher Ich-Zustände kommt, vor allem wenn Beziehungen zu bedeutsamen Bezugspersonen als idealisiert oder verfolgend erlebt werden (Kernberg 2000, S. 448).

Schmitz pp. führen aus, dass Beziehungen bei von der Störung Betroffenen durch das Leitthema „Besitzen und Besessen werden" gekennzeichnet sind und dass Beziehungen nie als zufällig angesehen werden, sondern eine Beziehung immer zum Lebensmittelpunkt wird.

Die Beziehungen werden mit einer übermäßigen Intensität geführt und positiv bewertete Personen auf ein Podest gestellt. Die Betroffenen wollen alles über den Anderen, auch seine Gedanken und Gefühle, erfahren und erleben es als bedrohlich, wenn ihr Gegenüber versucht, Distanz herzustellen. Da sie von dem Anderen erwarten, dass er die Beziehung mit der gleichen Intensität führt, kann die Herstellung von Distanz des Gegenübers dazu führen, dass sich der Betroffene abrupt abwendet und die Begeisterung plötzlich in Abscheu und Ablehnung umschlägt. Auch kann es eine starke Enttäuschung bedeuten, festzustellen, dass das Gegenüber doch nicht so vollkommen ist, wie zunächst angenommen (vgl. Schmitz pp. 2001, S. 101).

Reinert macht darauf aufmerksam, dass Borderline-Betroffene darauf angewiesen sind, zwischen den Extremen hin- und herzuspringen, da sie kein stabiles Kern-Selbst besitzen. Somit ist ihr ständiger Aufenthaltsort in irgendeiner Weise die Grenze, beispielsweise zwischen gut und böse, zwischen Leben und Tod, zwischen innen und außen und zwischen Nähe und Distanz (vgl. Reinert 2004, S. 167).

Doch nicht nur ihr Umfeld wird von Borderline-Betroffenen in Schwarz oder Weiß wahrgenommen, auch innerlich erleben sie starke Widersprüche. Diese Widersprüche können sich spiegelbildlich auf die Außenwelt übertragen (vgl. Rahn 2003, S. 95).
Dies wird beispielsweise daran deutlich, dass ein Borderline-Patient, der stationär untergebracht ist, sehr unterschiedliche Rückmeldungen im Pflegeteam hervorrufen kann. Während ihn manche Teammitglieder als freundlich, schutzbedürftig, zugewandt und liebenswert erleben, nehmen ihn andere Teammitglieder als unfreundlich, fordernd und manipulierend wahr (vgl. von Spreti 2005, S. 268). Durch dieses Phänomen kann ein Borderline-Patient Spannungen und Konflikte im Team einer Einrichtung hervorrufen, die unter Umständen sogar dazu führen können, dass die jeweils andere Meinung missachtet wird und die Teammitglieder ihre eigenen Mitarbeiter in gut oder böse aufspalten (vgl. Rahn 2003, S. 94). Hieran wird deutlich, wie sich die Sichtweise des Patienten, der seine Umwelt in Schwarz und Weiß einteilt, auf das Krankenhausteam übertragen kann.

Ewald Rahn vertritt die Meinung, dass solche Gegebenheiten in der Regel ein Spiegelbild für die innere Verfassung der Betroffenen darstellen. Durch das Verhalten des Patienten werden Konflikte, Meinungsverschiedenheiten und Unterschiede, die im Team häufig latent vorhanden sind, aufgedeckt. Er betont, wie wichtig es ist, dass die Teammitglieder fähig sind, mit diesen Unterschieden umzugehen und Regeln zu entwickeln, die von allen Mitgliedern getragen werden können (vgl. Rahn 2003, S. 132 f.). Außerdem empfiehlt er, dass Teams, die mit Borderline-Patienten arbeiten, Supervision in Anspruch nehmen, da die Gefahr besteht, dass sich Situationen krisenhaft und konfliktreich zuspitzen (vgl. Rahn 2003, S. 95).

4.2.3. Instabilität des Selbstbildes und der Selbstwahrnehmung

„(3) Identitätsstörung: ausgeprägte und andauernde Instabilität des Selbstbildes oder der Selbstwahrnehmung“ (DSM-IV).

Borderline-Persönlichkeiten fällt es häufig schwer, ein stabiles Selbstbild zu entwickeln. Die Tatsache, dass einige von ihnen als Kinder keine stabilen Beziehungen erlebt haben und somit keine Sicherheit und Reflexion erleben konnten sowie die Tatsache, dass einige Eltern ihre Kinder als Selbstobjekt sahen und ihnen deshalb keinen Raum gaben, sich eigenständig zu entwickeln, haben hier sicherlich einen Einfluss geleistet.

Die Betroffenen leiden unterschwellig häufig unter tiefen Selbstzweifeln, Ängsten und Argwohn. Dies ist auch dann der Fall, wenn sie in der Lage sind, ihre Aufgaben, beispielsweise am Arbeitsplatz, gut zu erfüllen (vgl. Pfeifer/Bräumer 2004, S. 21). Die Selbstzweifel können zu unbarmherziger Selbstkritik bis hin zum Selbsthass führen. Viele Borderline-Betroffene sind mit ihrem Äußeren unzufrieden oder wünschen sich spezifische Fähigkeiten. Sie glauben fest daran, anderen unterlegen zu sein und haben große Schwierigkeiten damit, sich differenziert selbst wahrzunehmen (vgl. Rahn 2003, S. 40 f.).

Gegenüber anderen Lebensweisen sind sie meist sehr aufgeschlossen und können sich schnell in Identitäten und neue Lebensstile hineinversetzen und diese sogar übernehmen. So sind sich manche Betroffene ihrer eigenen Identität nicht sicher, sondern „borgen“ sich Identitäten, um Selbstsicherheit zu erreichen (vgl. Schmitz pp. 2001, S. 101).

Auch das Erkennen und Benennen von Gefühlen fällt einigen Borderline-Betroffenen schwer. Reinert weist darauf hin, dass bei Borderline-Patienten die Gefühle teilweise nicht ausgebildet sind, da sie in ihren Gefühlen weder bestätigt noch bestärkt wurden, oder von klein auf gelernt haben, ihre Gefühle zu unterdrücken. Deshalb müssen diese erst entwickelt werden. Hierzu berichtet er von einer Patientin, die ihre Gefühle zunächst als „No-name-Wahrnehmungen“ bezeichnete und über einen langen Zeitraum lernen musste, ihre Gefühle zu benennen. Erst mit der Zeit lernte sie, Traurigkeit, Anspannung, Wut und andere Gefühle zu differenzieren und auszudrücken (vgl. Reinert 2004, S. 134).

4.2.4. Selbstschädigende Aktivitäten und Süchte

„(4) Impulsivität in mindestens zwei potenziell selbstschädigenden Aktivitäten (Geldausgeben, Sexualität, Substanzmißbrauch, rücksichtsloses Fahren, ‚Fressanfälle'). **Beachte:** Hier werden keine suizidalen oder selbstverletzenden Handlungen berücksichtigt, die in Kriterium 5 enthalten sind" (DSM-IV).

Da viele Betroffene ihren inneren Zustand als Leere erleben, greifen sie häufig zu Kompensationsmechanismen in Form von beispielsweise Medikamenten-, Alkohol- oder Drogenkonsum oder selbstverletzendem Verhalten (vgl. Rahn 2003, S. 41).

Sipos und Schweiger berichten, dass von Frauen vor allem selbstschädigende Aktivitäten in Form von Schneiden oder Verbrennen der Haut, Hungern, Erbrechen, Essanfällen, Injektion toxischer oder infektiöser Substanzen in Unterhautgewebe oder Muskulatur, Ablassen von Blut, um Anämie zu erzeugen oder das Eingehen von Partnerschaften mit gewalttätigen Personen vorgenommen werden. Bei Männern hingegen finden selbstschädigende Aktivitäten in Form von Risikosportarten, schnellem Fahren mit Fahrzeugen, kriminellem Verhalten oder wirtschaftlichem Risikoverhalten statt. Der Gebrauch von Substanzen wird von beiden Geschlechtern gleichermaßen durchgeführt (vgl. Sipos/Schweiger 2005, S. 505).

Möhlenkamp nennt das Flüchten in eine Sucht die wohl gebräuchlichste Notlösung, um vor einem unangenehmen seelischen Zustand zu fliehen. Suchtprobleme, die bei Borderline-Patienten auftreten, können sowohl stoffgebunden als auch nicht stoffgebunden sein. Zu den stoffgebundenen Süchten gehören beispielsweise Alkoholmissbrauch, Rauchen oder Drogenkonsum. Die nichtstoffgebundenen Süchte hingegen können sich unter anderem in Magersucht, Esssucht, Kaufsucht, Spielsucht oder selbstverletzendem Verhalten äußern. Auch auftretende Zwangsstörungen können als eine Art Suchtverhalten gewertet werden, da sie eine kurzfristige Ablenkung und Selbstberuhigung mit sich bringen.

Sowohl von außen zugeführte Beruhigungsmittel als auch die vom Körper selbst produzierten Endorphine können von unangenehmen Empfindungen wie beispielsweise Einsamkeit, Angst, Selbstunsicherheit oder Depressionen ablenken.

Eine zunächst zur kurzfristigen Erleichterung praktizierte Sucht kann schnell an Eigendynamik gewinnen. Wo zunächst borderline-typische Probleme mit der Sucht bekämpft werden sollten, dient sie später unter Umständen nur noch zur Bekämpfung ihrer eigenen Folgen. Nicht nur stoffgebundene Süchte können eine Eigendynamik entwickeln, auch bei nicht stoffgebundenen Süchten kann dies der Fall sein, da auch Endorphine die Betroffenen in einen rauschähnlichen Zustand versetzen können. So können beispielsweise auch Essstörungen zu einer zwanghaften Gewohnheit werden (vgl. Möhlenkamp 2004, S. 39 f.).

Bei Borderline-Betroffenen ist die Bulimie die häufigste Essstörung, da Menschen mit Bulimie impulsiver sind als Anorexie-Erkrankte. Hierbei können die Betroffenen von dem Zustand des Hungers zu Essanfällen wechseln, wenn sie beispielsweise wütend sind oder meinen, zu allem berechtigt zu sein, weil sie schon mehr als genug gelitten haben. Kommen sie kurz darauf zu der Folgerung, sie hätten sich nicht so gehen lassen dürfen, kann dies mit sich bringen, dass sie sich zutiefst schämen und selber bestrafen, beispielsweise mit erneutem Hungern oder selbstzerstörenden Handlungen (vgl. Gunderson 2005, S. 71). Geht die Bulimie überdies noch mit Übergewicht einher, wird das ohnehin schon schlechte Selbstbild noch weiter negativ beeinträchtigt. Somit kann die Lebensqualität durch eine Essstörung gleich auf mehreren Ebenen gemindert werden (vgl. Rahn 2003, S. 73).

Während Substanzmissbrauch zunächst der kurzfristigen Spannungsreduktion und der Vermeidung von Emotionen dienen kann, wird durch den Entzug der Substanzen häufig gegenteiliges bewirkt. Durch Entzugssyndrome kann eine starke Stimmungslabilität hervorgerufen und impulsives Verhalten begünstigt werden. Auch nichtsubstanzgebundene Süchte wie gestörtes Essverhalten können zu vermehrter Stimmungslabilität, Verschlechterung des Sozialverhaltens und Depressivität führen (vgl. Sipos/Schweiger 2005, S. 510 f.).

4.2.5. Suizidales Verhalten und Selbstverletzungen

„(5) Wiederholte suizidale Handlungen, Selbstmordandeutungen oder –drohungen oder Selbstverletzungsverhalten“ (DSM-IV).

Den meisten Langzeituntersuchungen zufolge weisen alle Borderline-Patienten mindestens einmal in ihrem Leben eine suizidale Befindlichkeit auf. Bemerkenswert ist, dass Suizidalität bei keiner anderen Persönlichkeitsstörung im DSM als diagnostisches Kriterium genannt wird (vgl. Götze 2000, S. 283).

Die Suizidrate von Borderline-Betroffenen liegt laut Ewald Rahn bei ca. 8 % (vgl. Rahn 2003, S. 36), andere Autoren geben Raten zwischen 5 % und 10 % an. Zudem teilen Bohus und Reicherzer mit, dass ca. 60 % der Betroffenen Suizidversuche unternommen haben (vgl. Bohus pp. 2012, S. 12).

Suizidalität kann sich so stark ausweiten und generalisieren, dass sich sämtliche Gedanken des Betroffenen nur noch um einen möglichen Suizid drehen. Dadurch verliert die Gegenwart an Bedeutung und es wird für den Betroffenen schwer, sich mit anstehenden Aufgaben zu befassen. Laut Rahn wird Suizidalität durch Störungen des Selbstbildes und durch ein andauerndes Gefühl der Unzufriedenheit hervorgerufen, außerdem soll sie zur Regulation des emotionalen Haushalts dienen (vgl. Rahn 2003, S. 62 f.).

Auch Umstände wie beispielsweise Verzweiflung und Einsamkeit oder ein Appell an das Umfeld können Gründe für Suizidhandlungen sein. Reinert schildert dies sehr eindrücklich an einem Beispiel aus seiner Zeit als Oberarzt in einer Landesklinik, das ich im Folgenden wiedergeben möchte:
Er berichtet, während seines Urlaubs nachts von der Nachtwache seiner Station angerufen worden zu sein, weil ein Patient die Station in Trümmer verwandelt habe und nun mit einer großen Glasscherbe in einer Sitzecke hocke. Der Patient drohte, sich damit die Halsschlagader durchzuschneiden, wenn ihm jemand näher käme und schrie, dies sei seine Macht, die Macht von Reinert sei zu Ende. Auf diesen Anruf hin fuhr Reinert in die Klinik und fand die Szene wie geschildert vor. Der Patient warf ihm vor, als Arzt kein wirkliches Interesse an ihm zu haben. Daraufhin antwortete Reinert, er wäre bei nicht vorhandenem Interesse in seinem Urlaub wohl nicht in die Klinik gekommen. Dies bewirkte, dass der Patient sehr erstaunt reagierte und etliche Male nachfragte, ob er wirklich Urlaub habe und extra wegen ihm gekommen sei. Auf Reinerts Bestätigung hin begann er, ruhig zu werden und zu weinen, so dass es Reinert möglich wurde, ihm die Scherbe wegzunehmen. Dies war der Beginn einer regelmäßigen Kontaktaufnahme und der Möglichkeit, effektiv therapeutisch-aufdeckend arbeiten zu können.
In diesem Beispiel war neben Verzweiflung, Einsamkeit und dem Appell an die Umgebung auch der Aspekt der Machtausübung ein Grund, diese Handlung zu begehen, denn der Patient hatte sich durch die Klinik eingeengt, unterdrückt und kleingemacht gefühlt. Durch die Tatsache, dass eine Person im Urlaub seinetwegen freiwillig in die Klinik fuhr, erlebte er zum ersten Mal, dass jemand Interesse an ihm zeigte (vgl. Reinert 2004, S. 164 f.).

Andere suizidale Patienten hingegen berichten, dass der Entschluss, sich selbst zu töten, eine beruhigende und entlastende Wirkung auf sie habe. Diese entstehe manchmal bereits durch den Kauf von Tabletten, da sie dadurch ein Gefühl von Souveränität erhalten. Dies basiert auf dem Wissen, ein Machtmittel zu haben, durch das sie dem ohnmächtigen Ausgeliefertsein und Verlassensein entgehen können. So bleibt die Selbsttötung eine offene Möglichkeit, die gewählt werden kann, wenn nichts mehr geht (vgl. Henseler 1990, S. 91 zit. n. Reinert 2004, S. 163).

Reinert weist zudem darauf hin, dass viele Borderline-Patienten ein tiefes Bedürfnis nach Ruhe haben. Da Sterben häufig mit dem Erlangen ewiger Ruhe gleichgesetzt wird, kann das Ruhebedürfnis mit der Idealisierung von Suizid einhergehen. Hierbei will der Patient normalerweise nicht tot sein, kann sich aber nicht vorstellen, auf andere Weise Ruhe zu erlangen (vgl. Reinert 2004, S. 232). Er berichtet von einer Patientin, die es sich wundervoll vorstellte, im Koma zu liegen, weil sie dort beatmet, gelagert und ernährt werde und Menschen um sie herum seien, die für sie verantwortlich sind (vgl. Reinert 2004, S. 240).

In diesem Zusammenhang möchte ich auch auf den Begriff des Parasuizidalen Verhaltens eingehen. Dieser wurde 1977 von Kreitmann geschaffen, um nicht tödliche, absichtlich selbstverletzende Handlungen zu beschreiben, die zu tatsächlichen Gewebeschäden, Todesgefahr oder Krankheit führen können. Auch die Einnahme von Drogen oder anderen Substanzen, die nicht verschrieben wurden oder deren Menge über die verschriebene Menge hinausgeht, bezeichnet er als parasuizidale Handlung, wenn die eindeutigen Absicht vorliegt, eine körperliche Schädigung oder den Tod herbeizuführen. Die Definition umfasst sowohl tatsächliche Suizidversuche als auch Selbstverletzungen. Marsha Linehan weist darauf hin, dass parasuizidale Verhaltensweisen häufig als manipulative Suizidversuche oder Suizidgesten bezeichnet werden (vgl. Linehan 2006, S. 11).

Eine andere häufige Äußerungsform von Borderline-Störungen sind selbstverletzende Handlungen unterschiedlichster Art. Bei selbstschädigendem Verhalten handelt es sich in der Regel nicht um Suizidversuche (vgl. Pfeifer/Bräumer 2004, S. 41). Ebenso wie bei einer Sucht kann es hierbei zu einer Chronifizierung kommen, da die Betroffenen zu der Auffassung gelangen können, dem Drang zur Selbstverletzung nicht mehr zu widerstehen (vgl. Rahn 2003, S. 61).

Laut Sachsse ist die häufigste Art von Selbstverletzung das Schneiden in die Haut mit Gegenständen wie Messern, Rasierklingen, Scheren oder Scherben. Am zweithäufigsten sind Verbrennungen mit Feuerzeugen oder Zigaretten. Seltenere Verletzungen sind Verbrühen, Verätzen, Kopfschlagen oder Stechen. Meist zentriert sich selbstverletzendes Verhalten auf die Extremitäten; Rumpf oder Kopf sind seltener betroffen (vgl. Sachsse 2000, S. 348).
Die Art der Patienten, mit Selbstverletzungen umzugehen, ist unterschiedlich. Während einige demonstrativ ihre blutenden Wunden zeigen, vollziehen andere die selbstverletzenden Handlungen für sich und berichten niemandem davon (vgl. Sachsse 2000, S. 363).

Gunderson erstellte eine Tabelle, die wiedergibt, zu welchem Zweck Borderline-Betroffene Selbstverletzungen ausführen. In der Tabelle waren folgende Funktionen mit Angabe von Prozentzahlen genannt: 59 % der Betroffenen nutzten selbstverletzendes Verhalten, um seelischen Schmerz durch das Spüren körperlichen Schmerzes zu überwinden. Den Grund, sich selbst bestrafen zu wollen, nannten 49 % der Patienten. 39 % wollten durch die Selbstverletzung Gefühle steuern, 22 % wollten Kontrolle üben. Das Ausdrücken von Ärger nannten ebenfalls 22 % als Grund, das Überwinden von Gefühllosigkeit war für 20 % der Befragten der Grund für Selbstverletzungen (vgl. Gunderson 2005, S. 49).

Auf diese einzelnen Funktionen möchte ich im Folgenden kurz eingehen. Als häufigster Grund war das Ziel angegeben, mit körperlichem Schmerz den seelischen Schmerz zu übertönen. Seelischer Schmerz kann durch alltägliche Enttäuschungen oder durch das Auftauchen von schmerzhaften Erinnerungen an traumatische Ereignisse ausgelöst werden. Wird eine Selbstverletzung ausgeübt, erfolgt dadurch die Konzentration des Betroffenen auf den körperlichen Schmerz. Zudem reagiert der Körper auf heftige Schmerzreize mit der Ausschüttung von körpereigenen Morphinen, die eine Zeitlang beruhigen und schmerzunempfindlich machen (vgl. Möhlenkamp 2004, S. 42).

Als weiterer Grund war angegeben, dass sich die Betroffenen bestrafen wollen. Häufig leiden sie unter starken Schuldgefühlen, so dass sie durch intensiven körperlichen Schmerz ihre Schuld teilweise sühnen wollen. Auch kann es vorkommen, dass Betroffene Teile von sich bestrafen wollen. Reinert berichtet beispielsweise von einer Patientin, die immer ihre Arme verletzte, weil sie diese bestrafen wollte. Dies begründete sie damit, dass Arme zur Aktivität verpflichten und sie nicht in der Lage war, aktiv zu sein (vgl. Reinert 1995, S. 76 f. zit. n. Reinert 2004, S. 161). Die Tatsache, dass sich so viele Betroffene bestrafen wollen, bringt mich zu der Vermutung, dass sie selbst häufig über ihr Verhalten erschrocken sind, beispielsweise, wenn sie ihre Emotionen nicht genügend haben steuern können. Auch das Schwarz-Weiß-Denken könnte meiner Einschätzung nach mit sich bringen, dass sie die schlechten Anteile in sich bestrafen und die guten Anteile fördern wollen.

Auch das Steuern von Gefühlen war als Grund für Selbstverletzungen angegeben. Da durch die Ausschüttung von Endorphinen die Stimmung und die Emotionen beeinflusst werden, kann durch das Zufügen von Verletzungen eine Veränderung der Stimmung und eine Spannungslösung erreicht werden. Diese Möglichkeit wird von vielen Betroffenen exzessiv genutzt (vgl. Rahn 2003, S. 60).

Ebenso ist das Ausüben von Kontrolle ein nicht zu unterschätzender Grund für selbstverletzendes Verhalten. Selbstverletzungen können viel Aufmerksamkeit bei den

Menschen in der Umgebung erregen und diese in Daueralarm versetzen. Dies birgt die Möglichkeit in sich, die Mitmenschen zu manipulieren (vgl. Pfeifer/Bräumer 2004, S. 42). Somit können Selbstverletzungen ein starkes Gefühl von Macht mit sich bringen. Der Betroffene fühlt sich einerseits nicht mehr seinem seelischen Erleben ausgeliefert und kann zudem bei anderen Menschen durch sein Verhalten einen großen Schrecken auslösen (vgl. Möhlenkamp 2004, S. 42).

Der Tabelle zufolge kann auch das Ausdrücken von Ärger Grund für selbstverletzendes Verhalten sein. Es gibt Patienten, die ihre Wunden zeigen, um damit ihre Befindlichkeit auszudrücken. Dies kann ein Appell sein, der einerseits still, stumm und unterwürfig, auf der anderen Seite jedoch auch hartnäckig, gedämpft aggressiv und vorwurfsvoll ist (vgl. Sachsse 2000, S. 363). Doch auch das Verhindern von Ärger kann Grund für eine Selbstverletzung sein. Reinert berichtet von einer Patientin, die sich selbst verletzte, weil sie innerlich voller Wut, Aggression und Hass war. Sie hatte Angst davor, dass durch die Entfaltung dieser Gefühle ihre Umgebung die Wut abbekommt. Um dies zu verhindern, gab sie ihren Gefühlen durch Selbstverletzungen die Möglichkeit zur Entfaltung und verhinderte, dass andere Menschen zu Schaden kamen (vgl. Reinert 1995, S. 76 f. zit. n. Reinert 2004, S. 161).

In der Tabelle war das Überwinden von Gefühllosigkeit als letzter Grund für selbstverletzendes Verhalten angegeben. Anderen Autoren zufolge ist jedoch gerade dies ein hauptsächlicher Grund für Selbstverletzungen. So verletzen sich die Betroffenen manchmal, um langanhaltende dissoziative Zustände zu durchbrechen (vgl. Sipos/Schweiger 2005, S. 505). Auf die Bedeutung der Dissoziation werde ich an späterer Stelle zu sprechen kommen.

Reinert berichtet von einer Patientin, die sich durch das Schneiden in die Haut ihre Existenz- und Handlungsfähigkeit beweisen wollte. Indem sie fühlte, wie nach einer Selbstverletzung Blut aus ihrem Körper lief, bewies sie sich, dass Leben in ihr steckte. Außerdem „half" ihr das Schneiden in Situationen, in denen sie sich nicht konzentrieren konnte, da sie durch den Schmerz das Gefühl erhielt, wieder zum Leben zu erwachen.

Von einer anderen Patientin berichtet Reinert, dass sie manchmal Zweifel daran hatte, ob sie wirklich existierte und starke Ängste davor entwickelte, sich aufzulösen. Durch das Schneiden in die Haut machte sie sich ihre eigenen Körpergrenzen bewusst. Außerdem litt sie manchmal unter starkem seelischem Schmerz, innerer Not, Unruhe, einem diffusen Gefühl von Unwohlsein und Angst. Wenn sie sich in den Arm schnitt und dadurch einen körperlichen Schmerz fühlte, hatte sie das Empfinden, dass das Diffuse greifbar wurde und dass sich Verstand und Gefühl damit vereinigten (vgl. Reinert 1995, S. 76 f. zit. n. Reinert 2004, S. 161 f.).

4.2.6. Affektive Instabilität

„(6) Affektive Instabilität infolge einer ausgeprägten Reaktivität der Stimmung (z. B. hochgradige episodische Dysphorie, Erregbarkeit oder Angst, wobei diese Verstimmungen gewöhnlich einige Stunden und nur selten mehr als einige Tage andauern)" (DSM-IV).

Gefühle werden von den Betroffenen intensiver erlebt als von den meisten anderen Menschen, entsprechend emotional reagieren sie. Sowohl starke positive als auch starke negative Gefühle können sie erleben, die sehr schnell wechseln können, so dass sie ihren emotionalen Reaktionen regelrecht ausgeliefert sein können (vgl. Schmitz pp. 2001, S. 101).

Im Rahmen der Affektiven Instabilität, unter der viele Borderline-Betroffene leiden, kann es zu plötzlichen Umschwüngen der Stimmungslage von freudig über Verzweiflung zu Wut oder Episoden, in denen heftigste Angst und Reizbarkeit gleichzeitig auftauchen, kommen. Den Menschen in der Umgebung kommt diese Reaktionsweise oft übertrieben vor (vgl. Koenigsberg/Siever 2000, S. 211). Möhlenkamp geht davon aus, dass dieses Verhalten durch ungünstige Entwicklungsbedingungen hervorgerufen wurde und vergleicht das schnelle Wechseln von einem Affekt zu einem anderen mit dem Verhalten eines Kindes im Alter von 2-3 Jahren, das in Sekundenschnelle von einem Affekt zum anderen kippt. Seiner Auffassung nach haben die Betroffenen aufgrund einer durch Stress geprägten Mutter-Kind-Beziehung oder aufgrund von traumatischen Beziehungsabbrüchen nicht gelernt, feinere Gefühlsabstufungen zu finden (vgl. Möhlenkamp 2004, S. 13).

Borderline-Betroffene erleben zudem häufig widersprüchliche Gefühle. Sie können zwischen Anlehnungsbedürftigkeit und Zurückweisung, zwischen Rückzug und Sehnsucht nach Gemeinschaft, zwischen Eigensucht und Selbsthass und zwischen Lebenshunger und Todeswunsch schwanken (vgl. Pfeifer/Bräumer 2004, S. 11). Gelingt ihnen nicht, ihre Impulse zu überprüfen, werden sie von diesen bestimmt. Dies kann unter anderem zur Folge haben, dass sie schnelle und überhastete Entscheidungen treffen, einen Mangel an Durchhaltevermögen aufweisen oder die Tendenz haben, einen einmal eingeschlagenen Reaktionsweg beizubehalten (vgl. Rahn 2003, S. 45).

Außerdem haben die Betroffenen oftmals Schwierigkeiten, unangenehme Ereignisse zu verarbeiten. Ein Aufregungszustand hält oft tagelang oder länger an. Situationen, die emotionale Spannungen auslösen, können bei ihnen zu heftigsten Gefühlsaufwallungen führen, die sehr lange anhalten und kaum zu bremsen sind. Verbunden damit sind Rasen der Gedanken, Unruhe und Spannungen, starke Aufregung und eine eingeengte Wahrnehmung. Es kann zu einer Mischung aus Überreizung, Wut, Verunsicherung und Angst kommen (vgl. Möhlenkamp 2004, S. 23 f.). Die anhaltende körperliche und psychische Hochspannung kann

unterschiedliche psychosomatische und psychische Symptome mit sich bringen wie Schlafstörungen, Schmerzen und psychosomatische Funktionsstörungen. Impulsive Entlastungsversuche wie Wutausbrüche, Selbstbeschädigung, Suchtverhalten oder Zwänge sind keine Seltenheit (vgl. Möhlenkamp 2004, S. 59).
Da sie sich von ihren starken Gefühlen getrieben fühlen, fällt es vielen Betroffenen schwer, sich selbst zu beherrschen. Sie sind neugierig, leben im Augenblick, können oft schwer an spontanem Genuss vorbeigehen und experimentieren gerne. Dies kann ein häufig nicht planvoll und zielgerichtet Handeln mit sich bringen, so dass riskantes Verhalten, auch in Bezug auf Drogen- und Alkoholkonsum, keine Seltenheit ist (vgl. Schmitz pp. 2001, S. 101).

Auch Angst wird zu den unter Punkt 6 des DSM-IV aufgeführten Affekten gezählt. Einige Patienten fühlen sich permanent von einer diffusen und unerklärlichen Angst bedroht. Diese ist fast permanent vorhanden, manchmal ist sie nicht spürbar oder wird abgewehrt. Um die Angst zu reduzieren, bilden Betroffene diverse Abwehrmechanismen und Symptome, beispielsweise in Form von Aggressionen. Hierbei soll durch Externalisierung die eigene Entängstigung und Entlastung erreicht werden (vgl. Dulz 2000, S. 59). Die Tatsache, dass Borderline-Betroffene nur selten als furchtsam oder ängstlich eingeschätzt werden, könnte somit unter anderem auf diesen Umgang mit der Angst zurückzuführen sein.

Eine weitere Problematik, unter der viele Betroffene leiden, ist die, dass sie häufig zwar noch den Schulabschluss erreichen, dann jedoch während des Studiums oder der Ausbildung Schwierigkeiten auftreten, so dass die Anzahl der Betroffenen mit abgeschlossener Berufsausbildung weit geringer ist als im Gegensatz zur Gesamtbevölkerung (vgl. Bohus pp. 2012, S. 12). Hier liegt die Vermutung nahe, dass unter anderem die affektive Instabilität und die damit häufig vorhandene Neigung zur schnellen Resignation zu dieser Tatsache beiträgt.

4.2.7. Chronische Leere

„(7) Chronische Gefühle von Leere“ (DMS-IV).
Wie bereits angeklungen ist, empfinden viele Borderline-Betroffene ein starkes Gefühl von Leere. Dies ist für sie vor allem dann spürbar, wenn keine Außenreize vorhanden sind (vgl. Rahn 2003, S. 41). Ein Grund hierfür kann das Fehlen einer verlässlichen Bezugsperson in der Kindheit sein, da Borderline-Betroffene bei der Trennung von einer wichtigen Bezugsperson mitunter auch im Erwachsenenalter das Gefühl haben, nicht lebensfähig zu sein. Das schmerzhafte Gefühl des Verlassen- und Alleinseins erleben sie als Leeregefühl.

Auch Störungen im Beziehungsumfeld oder die Unterbrechung von Kontakten können dieses Leeregefühl anstoßen (vgl. Möhlenkamp 2004, S. 14 f.). Ebenso haben Betroffene, die sich stark an ihren Partner klammern, mitunter das Gefühl, mit dem Verlust des anderen sich selbst zu verlieren (vgl. Möhlenkamp 2004, S. 51).

Das Gefühl von Leere wird in folgendem Zitat eines Betroffenen eindrücklich beschrieben: „Ich fühle mich wie eine Maske, wie eine entseelte Hülle, ein Körper, der Kleidung und Meinung und Taten spazieren führt. Ich bin der Halm im Wind, der selbst beim schwächsten Lüftchen zur anderen Seite neigt, sich biegt und beim Sturm zu brechen droht. Ich fühle nicht von innen nach außen, sondern ich denke meine Gefühle von außen nach innen. Ich bin ratlos, immer auf der Suche. Ich fühle mich zu einem großen Teil fremdbestimmt und habe Angst vor diesem Gefühl. Was ist das, ganz selbst zu sein?" (Götze 2000, S. 288).
Da bei den Betroffenen schnell Gefühle wie extreme Verzweiflung, Enttäuschung, Angst, und Schuldgefühle ausgelöst werden können, können auch depressive Störungen leicht gebahnt werden (vgl. Schmitz pp. 2001, S. 157).

4.2.8. Wut

„(8) Unangemessene, heftige Wut oder Schwierigkeiten, die Wut zu kontrollieren (z. B. häufige Wutausbrüche, andauernde Wut, wiederholte körperliche Auseinandersetzungen)" (DSM-IV).
Durch die Schwierigkeit, emotionale Spannungen auszuhalten, reagieren Borderline-Betroffene auf Spannungen häufig in Form von Flucht, Angriff oder Dichtmachen. Dies bringt mit sich, dass sie nicht mehr differenziert denken und auch nicht mehr sachlich über Probleme sprechen können (vgl. Möhlenkamp 2004, S. 24). Die innere Hochspannung entlädt sich oft in impulsiven Entlastungsversuchen (vgl. Möhlenkamp 2004, S. 59).
Daher gehören starke Affekte, die von aufbrausender Wut und impulsiven Reaktionen geprägt sind, häufig zu einer Borderlineerkrankung. Folge davon können Probleme sowohl in den zwischenmenschlichen Beziehungen als auch am Arbeitsplatz sein. Um die eigene Verantwortlichkeit an den Schwierigkeiten zu leugnen, wird die Schuld für die Aggressivität und Unausgeglichenheit oftmals der Umwelt zugeschoben, beispielsweise anderen Personen, der eigenen schlechten Kindheit oder der Gesellschaft (vgl. Möhlenkamp 2004, S. 11).

4.2.9. Paranoide Vorstellungen und Dissoziation

„(9) Vorübergehende, durch Belastungen ausgelöste paranoide Vorstellungen oder schwere dissoziative Symptome)“ (DSM-IV).

Im Rahmen einer Borderline-Störung kann es vorkommen, dass die Betroffenen in einen vorübergehenden psychotischen Zustand mit paranoiden Vorstellungen abgleiten. Mentzos berichtet, dass dies vor allem während eines intensiven therapeutischen Prozesses nicht selten ist, wenn die dort gemachten Erfahrungen, beispielsweise zu große Nähe oder zu große Distanz, nicht mehr mit anderen Mitteln abgewertet oder abgefangen werden können. Somit entwickeln die Patienten mitunter Wahnideen (vgl. Mentzos 2000, S. 414). Trotz des gelegentlichen Abgleitens in eine Psychose werden die meisten Borderline-Patienten jedoch nicht psychotisch (vgl. Mentzos 2000, S. 424). Auch unter besonderen Stressbedingungen kann es zu Störungen im Erleben und in der Wahrnehmung kommen, die den Wahrnehmungsstörungen von schizophrenen Menschen gleichen. Dies können beispielsweise Stimmenhören, Wahnerlebnisse und Verfolgungswahn sein. Meist sind diese Wahrnehmungsstörungen nur vorübergehend vorhanden (vgl. Möhlenkamp 2004, S. 45).

Auch dissoziative Symptome sind bei einer Borderline-Erkrankung nicht selten. Durch Dissoziation werden bestimmte Erinnerungen, Empfindungen und Wahrnehmungen vom Bewusstsein und der unmittelbaren Aufmerksamkeit abgetrennt (vgl. Möhlenkamp 2004, S. 36-37). Empfinden Betroffene einen Schmerz zu intensiv und unerträglich, können sie im Rahmen der Dissoziation das Gehirn abschalten, so dass sie sich nicht mehr spüren und mitunter in innere Fantasien flüchten. Dieser Zustand wird so empfunden, als wären sie nicht anwesend. Somit ist Dissoziation eine der wesentlichen Bewältigungsstrategien Borderline-Betroffener. Nach einem dissoziativen Zustand kann es geschehen, dass sich die Betroffenen später nicht mehr daran erinnern können, was geschehen ist, jedoch merken, dass etwas geschehen sein muss (vgl. Pfeifer/Bräumer 2004, S. 38 f.).

Dissoziation dient somit als Abwehrmechanismus gegen Reizüberflutung oder als Schutz vor unerträglichen Erinnerungen, Gefühlen oder Konflikten. Häufig nutzen Kinder, die missbraucht werden, die Möglichkeit der Dissoziation, indem sie in Missbrauchssituationen das Gefühl haben, ihren Körper zu verlassen. Bei stark missbrauchten Kindern bleibt diese Notfallmaßnahme auch im Erwachsenenalter bestehen (vgl. Pfeifer/Bräumer 2004, S. 85).

Wird dieser Überlastungsschutz zu oft durch ein inneres Abschalten ausgelöst, kann die betroffene Person den Kontakt zu sich selbst und dem eigenen Körper sowie zu anderen Menschen verlieren. Außerdem kann durch wiederholtes unbewusstes Abgleiten der

Aufmerksamkeit die Kommunikation mit Anderen stark behindert werden, es kann Andere irritieren und zum Kontaktabbruch führen (vgl. Möhlenkamp 2004, S. 36 f.).

5. Behandlungsmöglichkeiten und Heilungschancen

Nach diesem Überblick über die vielfältigen Symptome, unter denen Borderline-Betroffene leiden können, möchte ich darauf eingehen, wie und ob Genesung möglich ist. Erfreulicherweise wurde eine Vielzahl von Therapiemethoden entwickelt, die bei Borderline-Störungen angewandt werden. Diese werden in der Literatur als unterschiedlich wirkungsvoll eingeschätzt, können zum Teil aber erstaunliche Erfolge verbuchen.
Zwar ist die Borderline-Störung eine oft sehr belastende Störung, doch die Betroffenen können lernen, mit ihrer Problematik umzugehen und so ein lebenswertes Leben zu führen. Dies ist manchmal ein Prozess, der sich von selbst entwickelt, häufig sind die Betroffenen jedoch auf fachliche Hilfe angewiesen. Je früher die Behandlung beginnt, desto besser sind die Heilungschancen (vgl. Bohus pp. 2012, S. 7).
Da die Therapieansätze sehr vielfältig sind, werde ich mich nur auf einige der Ansätze beschränken. Hierbei möchte ich die Verhaltenstherapie, die übertragungsfokussierte psychodynamische Therapie, die Traumatherapie und die Dialektisch-Behaviorale Therapie (DBT) aufgreifen. Auf die DBT werde ich jedoch erst an späterer Stelle eingehen, da diese Behandlungsmöglichkeit auch von Sozialarbeitern durchgeführt werden kann.
Nach einer kurzen Beschreibung der genannten Therapieansätze werde ich auf kreative Elemente in der Therapie und auf den Einsatz von Medikamenten eingehen. Anschließend folgen einige Zahlen aus Langzeitstudien, die den Erfolg von Borderline-Behandlungen darlegen. Anschließend wird am Beispiel der Recovery-Bewegung dargestellt, dass Hoffnung auf Genesung ein wichtiger Faktor für die Genesung ist.

Die unterschiedlichen Therapietechniken werden verschiedenen therapeutischen Schulen zugeordnet, doch sie enthalten viele Gemeinsamkeiten. So setzen sie grundsätzlich an der emotionalen Instabilität und an den spezifischen Beziehungsformen der Betroffenen an (vgl. Rahn 2003, S. 97). Während früher eher analytisch orientierte therapeutische Konzepte angewandt wurden, geht es jetzt vor allem darum, die Betroffenen in ihrem alltäglichen Leben abzuholen und mit ihnen Wege zur besseren Lebensbewältigung zu finden (vgl. Pfeifer/Bräumer 2004, S. 153). Außerdem geht es in der Therapie nicht darum, durch eine Behandlung, beispielsweise in Form von Medikation oder Krankenhausversorgung, die fehlangepassten Verhaltensweisen zu mindern oder die Symptome abzuschwächen. Vielmehr geht es darum, dem Patienten zu einer Wandlung zum Besseren zu verhelfen und neue psychische Fähigkeiten zu entwickeln. Hierbei sind die Mitarbeit des Patienten und das Entwickeln gemeinsamer Ziele gefragt (vgl. Gunderson 2005, S. 253).

Laut Möhlenkamp sind drei Psychotherapiemethoden als ambulante Krankenkassenleistungen zugelassen. Dies sind die Verhaltenstherapie, die tiefenpsychologisch fundierte Psychotherapie und die psychoanalytische Psychotherapie.
Bei der Verhaltenstherapie steht vor allem das Anwenden neuer Handlungsmöglichkeiten im Vordergrund, während die tiefenpsychologisch fundierte Therapie ihren Schwerpunkt auf das Nachfühlen und Erkennen von lebensgeschichtlichen und innerseelischen Zusammenhängen legt (vgl. Möhlenkamp 2004, S. 53). In der Dialektisch-Behavioralen Therapie werden diese beiden Stränge vereint und haben sich als sehr wirksam erwiesen.
Die psychoanalytische Psychotherapie hingegen könnte zur Behandlung von Borderline-Patienten eher problematisch sein, da sich der Therapeut eher abwartend und zurückhaltend verhält und dies die Patienten verunsichern könnte. Borderline-Betroffene benötigen viel Rückmeldung, eine klare Einschätzbarkeit der Situation und Kontrollmöglichkeiten über das, was in der Therapie geschieht. So profitieren sie eher von einem Therapiestil, der strukturiert und aktiv ist, da sie Schwierigkeiten haben, Eindrücke und Gefühle zu strukturieren und zum Ausdruck zu bringen (vgl. Möhlenkamp 2004, S. 53). Außerdem geht es bei der Therapie von Borderline-Patienten nicht um die Aufdeckung und Bearbeitung von neurosetypischen Konflikten. Vielmehr werden hier Menschen behandelt, deren Kern-Selbst nicht ausgebildet ist, die mitunter nicht fühlen können und die zu autoregulativen Mechanismen greifen (vgl. Reinert 2004, S. 176).

5.1. Verhaltenstherapie und Verhaltensanalyse

Seit den achtziger Jahren wird zur Therapie von Borderline-Patienten immer häufiger die Verhaltenstherapie eingesetzt, wobei das therapeutische Vorgehen immer wieder um wichtige Aspekte ergänzt wurde (vgl. Möhlenkamp 2004. S. 17). Rudi Merod weist darauf hin, dass es nicht mehr angemessen ist, zwischen kognitiv-verhaltenstherapeutischen und verhaltenstherapeutischen Vorgehensweisen zu unterscheiden, da beide Elemente in der Verhaltenstherapie benötigt werden. Deshalb gehören sowohl kognitive als auch übungsorientierte Vorgehensweisen zur Verhaltenstherapie (vgl. Merod 2005, S. 40).

Ziel dieser Therapieform ist es, das selbstschädigende Handeln und Denken unter Kontrolle zu bekommen, Möglichkeiten zum Stressabbau zu erlernen und das Selbstwertgefühl zu stärken. Zudem soll die Selbstabwertung, die oft in destruktiven Verhaltensweisen zum Ausdruck kommt, unterbrochen und das Schwarz-Weiß-Denken durch Realitätsprüfung differenziert werden. Es wird erarbeitet, worauf die jeweiligen Patienten empfindlich reagieren und wie sie diese Stressoren vermindern können. Außerdem soll gelernt werden, Wut, Selbstverachtung, Ängste oder Unsicherheit durch achtsames und fürsorgliches Verhalten zu verhindern (vgl. Möhlenkamp 2004. S. 18).
In der Verhaltenstherapie sollen Kompetenzen trainiert werden, indem neue Verhaltensweisen erlernt und angewendet werden und bereits gelernte Fähigkeiten verstärkt werden. Werden effektive Verhaltensweisen durch überwältigende Emotionen wie beispielsweise Wut oder Angst blockiert, setzt sich die Therapie mit den Auslösern dieser Emotionen auseinander. Kann der Patient aufgrund gestörter Denk- und Überzeugungsmuster einen Wandel nicht herbeiführen bzw. nicht aufrechterhalten, soll in der Therapie eine kognitive Umstrukturierung stattfinden (vgl. Comtois/Cochran/Linehan 2000, S. 574).

Aus der Verhaltenstherapie ist die Verhaltensanalyse entstanden. Bei dieser Vorgehensweise werden therapiegefährdendes Verhalten, problematische Ereignisse und Krisen ausgewertet. Der Betroffene soll hierbei lernen, Alternativen zu unangebrachten Verhaltensweisen zu finden. Bei der Verhaltensanalyse wird zunächst eine Situation oder ein Problem genau beschrieben und die Frage gestellt, was genau geschehen ist. Danach wird dies mit dem inneren Erleben und der Situationsinterpretation des Betroffenen verglichen. Der Betroffene schildert sodann seine tatsächlichen Verhaltensweisen und die Konsequenzen, die sein Verhalten mit sich gebracht haben. Danach wird über alternative Verhaltensweisen nachgedacht, mit denen ein anderer Effekt erreicht werden kann (vgl. Rahn 2003, S. 102).

5.2. Übertragungsfokussierte psychodynamische Therapie

Laut Reinert kristallisieren sich in Deutschland zur Zeit zwei wesentliche therapeutische Richtungen als Standardverfahren in der Borderline-Behandlung heraus. Dies sind die Dialektisch-Behaviorale Therapie, die sowohl im ambulanten als auch im stationären Bereich angewandt wird und die Transference-Focused Psychotherapy (vgl. Reinert 2004, S. 174). Da ich auf die Dialektisch-Behaviorale Therapie gesondert eingehen werde, möchte ich an dieser Stelle nur auf die Transference-Focused Psychotherapy zu sprechen kommen.

Diese Therapieform rückt die Übertragungsbeziehung zwischen dem Patienten und dem Therapeut in den Mittelpunkt der Aufmerksamkeit. Damit sollen unbewusste Konflikte der Vergangenheit aufgedeckt, symbolisch reinszeniert und vom Patienten als aktuelle Realität erlebt werden (vgl. Reinert 2004, S. 174 f.). Ausgangspunkt ist die Vorstellung, dass die heutigen Schwierigkeiten unbewusste Wiederholungen von pathologischen, internalisierten Beziehungen aus der Vergangenheit sind. Unbewusste Konflikte in Form von Objektbeziehungen bleiben somit in der Persönlichkeit des Patienten eingebettet und werden immer wieder wirksam. Aus diesem Grund sollen die zentralen Bereiche der Objektbeziehung, die zu den sich ständig wiederholenden Verhaltensauffälligkeiten und chronischen affektiven und kognitiven Störungen führen, verändert werden. Primitive und rigide internalisierte Objektbeziehungen und abgespaltene Anteile sollen in eine reifere, integrierte und flexiblere Form überführt werden. Um dies zu erreichen, wird durch Deutung dieser Tendenzen an der Übertragung und am Widerstand gearbeitet (vgl. Dammann/Buchheim/Clarkin/Kernberg 2000, S. 461 f.).

5.3. Traumatherapie

Da in der Vergangenheit von Borderline-Betroffenen häufig Traumata vorliegen, besteht von Seiten einiger Therapeuten die Tendenz, Borderline-Patienten mit den Möglichkeiten der Traumatherapie zu behandeln. Reddemann und Sachsse berichten, dass es sich bewährt hat, zunächst zu prüfen, ob bei den Patienten Kindheits- oder Jugendtraumata in erheblichem Umfang vorliegen. Ist dies der Fall, empfehlen sie, die Betroffenen nach einem Konzept der chronifizierten, komplexen Posttraumatischen Belastungsstörung zu behandeln.

Die Schritte dieser Behandlung gliedern sich in drei Behandlungsphasen. Zunächst wird eine Stabilisierung in Form von äußerer und innerer Sicherheit und Kontrolle angestrebt, da sich traumatisierte Menschen existentiell verunsichert fühlen. Dies geschieht durch sachliche Informationen über Traumatisierung, Traumafolgen, die therapeutischen Einzelschritte und die Therapiestrategie. Auch werden die Patienten dazu angehalten, sich einen sicheren inneren Ort vorzustellen. In der zweiten Phase erfolgt eine Begegnung mit dem Trauma. Hierbei sollen Bild, Wort, Affekt- und Körpersensation wieder gestalthaft zusammenfinden und die traumatische Erfahrung ins verbale Wachbewusstsein integriert werden. Das Behandlungsziel ist hier Bewusstseinsfähigkeit. Bei gelungenen Traumasynthesen verändern sich Erinnerungen, die Angst vor Erinnerungen lässt nach, Dissoziativität lässt nach, Alltagsamnesien nehmen ab und die Lebensgeschichte kann neu geschrieben werden. In der dritten Therapiephase geht es um Trauer und Neuorientierung. Es wird an Schuld- und

Schamgefühlen und an möglicherweise realer Schuld gearbeitet und auch die oft verzerrten Gegenwartsbeziehungen werden neu überdacht und neu gestaltet. Alltägliche Übergriffe, Grobheiten, Abwertungen und Herzlosigkeiten, die bisher nicht wahrgenommen wurden, weil sie der Traumatisierung gegenüber harmlos erschienen, können jetzt bearbeitet werden. Auch eigene Entwicklungen, Gewohnheiten und Rituale müssen betrachtet werden.
Reddemann und Sachsse berichten, dass nach Abschluss dieser Behandlung viele Borderline-Patienten keine Störungen mehr aufweisen (vgl. Reddemann/Sachsse 2000, S. 565-570).

Doch obwohl Reddemann und Sachsse die Anwendung einer Traumatherapie bei Borderline-Betroffenen als sehr effektiv beschreiben, gibt es viel Kritik an diesem Ansatz.
Christa Rohde-Dachser bezweifelt, dass immer ein Zusammenhang zwischen der Entwicklung einer Borderline-Störung und Traumatisierungen besteht. Deshalb kritisiert sie es, wenn Borderline-Patienten mit einer Traumatherapie behandelt werden (vgl. Rohde-Dachser 2003, S. 20). Selbstverständlich müssen die von den Patienten geschilderten traumatischen Erlebnisse ernst genommen werden, doch eine Borderline-Behandlung darf nicht nur auf ein erlittenes Trauma abzielen (vgl. Rohde-Dachser 2003, S. 23).
Thomas Reinert verweist zudem auf die Gefahr, dass einige Therapeuten und Ärzte bei einem bestimmten Störungsgrad den Schluss ziehen, dass es in der Vergangenheit eines Patienten traumatische Ereignisse gegeben haben muss. Dies kann dazu führen, dass sie die Patienten dazu anhalten, ihre Erinnerungen nach traumatischen Ereignissen zu durchsuchen. Können diese keine entsprechenden Anhaltspunkte anbringen, wird ihnen häufig vermittelt, es habe dennoch ein traumatisches Ereignis stattgefunden, so dass die Patienten dies schließlich selbst glauben (vgl. Reinert 2004, S. 94).

5.4. Kreative Elemente

Kreative Elemente in der Therapie von Borderline-Patienten können sehr förderlich sein. So können beispielsweise durch das Malen von Bildern Affekte, Konflikte, Lebenssituationen und Gefühle der Patienten plastisch und anschaulich dargestellt werden. Bilder geben die Möglichkeit, belastende Gefühlsinhalte auszudrücken und sich sowohl mit der eigenen Situation als auch mit sich selbst auseinander zu setzen. Hinzu kommt, dass durch die Bilder direkte oder indirekte Mitteilungen an den Therapeuten gesendet werden, die zu neuen Therapiethemen führen können. Wird über die Bilder gesprochen, kann der Therapeut dem Bild andere Sichtweisen geben und somit neue Aspekte und andere Wirklichkeiten eröffnen (vgl. Reinert 2004, S. 250). Auch die Musik- und die Ergotherapie halten unterschiedliche

Elemente vor, die auch von Patienten mit Borderline-Persönlichkeitsstörung gewinnbringend genutzt werden können.

5.5. Medikamentöse Behandlung

Mitunter werden Borderline-Patienten auch mit Psychopharmaka behandelt, diese werden vor allem zur Überbrückung von Krisen eingesetzt. Eine Dauermedikation ist meist nicht angezeigt (vgl. Möhlenkamp 2004, S. 43).

Borderline-Störungen können nicht direkt mit Psychopharmaka behandelt werden, beeinflusst werden können nur Teilaspekte der Störung. Deshalb sollten nur die definierten Symptome behandelt werden. Ewald Rahn berichtet, dass in der psychiatrischen Praxis jedoch häufig medikamentöse Behandlungen vorgenommen werden, diese bringen aber keinen medizinischen Nutzen mit sich. Die Behandlung mit medizinischen Präparaten sieht Rahn als Resultat einer missglückten Zusammenarbeit zwischen Helfendem und Betroffenem (vgl. Rahn 2003, S. 106).

Häufig werden folgende Medikamente zur Behandlung von Teilaspekten der Borderline-Störung verwendet:

Neuroleptika und atypische Neuroleptika werden als Beruhigungs- und Schlafmittel eingesetzt und wirken zudem gegen psychotische Symptome wie beispielsweise gedankliche Desorganisation und das paranoid-halluzinatorische Syndrom. Antidepressiva wirken auf die Kernsymptome der Depression und können zudem chronischen Schmerzzuständen entgegenwirken. Serotonerge Antidepressiva wirken zudem auf Angst- und Zwangssymptome. Phasenprophylaktika werden vorbeugend bei wiederholter Manie eingesetzt und wirken zudem gegen Aggressivität und Impulskontrollstörungen. Tranquilizer (Benzodiazepine) wirken ausgleichend, beruhigend und schlaffördernd. Opiatantagonisten blockieren die Opiatrezeptoren im Gehirn, so dass das Endomorphin, also das körpereigene Morphin, nicht mehr wirken kann (vgl. Rahn 2003, S. 107 f.).

5.6. Heilungschancen

In Langzeituntersuchungen wurden die Genesungsraten durch Therapieverfahren evaluiert. Bisher ist erst vergleichsweise wenig über den Langzeitverlauf von Borderline-Störungen bekannt, dies liegt eventuell daran, dass die Störung erst 1980 im DSM-III klar definiert wurde.

Die Chestnut-Lodge-Katamnesestudie ist eine der wenigen Langzeituntersuchungen zu Borderline-Persönlichkeitsstörungen. Bei dieser Studie wurden alle Patienten untersucht, die zwischen 1950 und 1975 aus der Chestnut-Lodge-Klinik entlassen wurden. Hierbei wurden die Ergebnisse der Borderline-Patienten mit den Ergebnissen von an Schizophrenie und an der unipolaren affektiven Störung leidenden Patienten verglichen.

Das Ergebnis zeigt, dass Borderline-Patienten eine überraschend gute Prognose haben. Laut der Studie blieben nur 5 % dauerhaft schwer erkrankt, 15 % waren geringgradig funktionsfähig, 25 % waren mäßiggradig funktionsfähig, bei 38 % war der Zustand gut und 17 % der Patienten waren vollständig genesen. Betrachtet man ein Ergebnis von mäßiggradig funktionsfähig und besser als zufriedenstellend, erreichen 80 % der Borderline-Patienten ein positives Ergebnis.

Die Untersuchung erbrachte, dass die Patienten mit ihrer Lebenssituation gut zurechtkamen, die meisten waren selbständig, viele lebten in Partnerschaften und einige hatten auch Kinder. Zudem wurde festgestellt, dass in Chestnut Lodge nur selten Langzeitaufenthalte von Borderline-Patienten stattfanden - von allen diagnostischen Gruppen verweilten sie am kürzesten in der Klinik. Auch medikamentöse Weiterbehandlungen nach der Entlassung erfolgten nur in geringem Maße, psychosoziale Therapien hingegen wurden von fast der Hälfte der Patienten in Anspruch genommen (vgl. McGlashan 2000, S. 673-676).

Parallel zur Chestnut-Lodge-Katamneseuntersuchung fanden drei weitere Langzeitverlaufs-untersuchungen statt, deren Ergebnisse sich im Wesentlichen mit der Chestnut-Lodge-Untersuchung deckten. Dies lässt vermuten, dass die Stabilisierung von Borderline-Patienten im Langzeitverlauf ein zufriedenstellendes Ergebnis erzielt (vgl. McGlashan 2000, S. 677).

Dass sich die Ergebnisse von Follow-Up-Untersuchungen als ermutigend erweisen, bestätigt auch Michael H. Stone. Er berichtet, dass Katamneseuntersuchungen ergaben, dass zwei Drittel von zuvor stationär behandelten Borderline-Patienten auf einem als gut oder klinisch genesenem Niveau funktionsfähig waren (vgl. Stone 2000 b, S. 687). Stone weist jedoch darauf hin, dass die guten Prognosen nur auf Patienten zutreffen, die in der frühen Kindheit nicht massiven negativen Erfahrungen wie elterlicher Brutalität, extremer Armut, Inzest mit Vater oder Stiefvater oder Vernachlässigung ausgesetzt waren und die keine ausgeprägt antisozialen Verhaltensweisen aufwiesen (vgl. Stone 2000 b, S. 699).

Auch Thomas Reinert berichtet, dass er nach fast zwanzigjähriger Erfahrung mit Borderline-Patienten eine Behandlungsmethodik entwickelt hat, die etliche sehr erfolgreich abgeschlossene Therapien mit sich gebracht hat (vgl. Reinert 2004, S. 189). Er teilt mit, dass

die von ihm behandelten Patienten sehr befriedigende Lebensqualitäten erlangt haben. Die Betroffenen sind durch die Therapie vorbehaltlos beziehungs-, arbeits- und berufsfähig geworden und können jetzt genießen und Freude empfinden (vgl. Reinert 2004, S. 255). Zwar ist seine Therapiemethode sehr langwierig, doch auch für Krankenkassen würde es sich lohnen, große Stundenkontingente zu bezahlen, denn auch ohne Therapie sind Borderline-Patienten teure Patienten. Er verweist darauf, dass therapeutischer Pessimismus nicht angebracht ist und dass es wirksame Methoden zur Behandlung von Borderline-Patienten gibt (vgl. Reinert 2004, S. 257).
Dammann u. a. weisen darauf hin, dass auch mit dem Alter eine Stabilisierung eintritt. Diese ist nicht allein auf den Erfolg von Therapieverfahren zurückzuführen, sondern auch auf das Phänomen des „Aging-out". Dies ist eine deutliche Verbesserung nach dem 40. bis 45. Lebensjahr. Aging-out sehen sie als gesicherten, wenn auch bislang kaum verstandenen Befund der empirischen Borderline-Forschung (vgl. Dammann/Clarkin/Kächele 2000, S. 720).

5.7. Die Recovery-Bewegung

Die positiven Prognosen bzgl. der Heilungschancen der Borderline-Persönlichkeitsstörung mögen überraschend und sowohl bei Betroffenen als auch bei Helfern häufig nicht bekannt sein. Eine Sozialarbeiterin, die fast ausschließlich mit Borderline-Betroffenen arbeitet, teilte mir beispielsweise mit, sie halte die Störung für unheilbar. Ihre Aufgabe sah sie darin, den Betroffenen das Leben besser lebbar zu machen, an eine Genesung glaubte sie jedoch nicht. Es erscheint daher notwendig, dass die guten Prognosen, die inzwischen gestellt wurden, sowohl Fachpersonal als auch Betroffenen bekannter gemacht werden. Zwar ist es auch nötig, den Betroffenen ihr Leben mit der Störung lebbar zu machen, doch ebenfalls kann das Vermitteln von Hoffnung einen förderlichen Beitrag für die Genesung leisten.
Wie entscheidend Hoffnung für die therapeutische Arbeit ist, wird an folgendem Zitat deutlich: „Ohne eine irgendwie begründete Hoffnung auf eine bessere Zukunft, eine verbesserte Lebenssituation und auf Perspektiven scheint es wenig Sinn zu haben, die Anstrengungen und Unwägbarkeiten von Veränderungen auf sich zu nehmen" (vgl. Conen/Cecchin 2007, S. 64).

Auch die Recovery-Bewegung hat die Wichtigkeit von Hoffnung erkannt und vertritt die Überzeugung, dass Hoffnung der wichtigste Gesundungsfaktor überhaupt ist. Ihre zentrale

Botschaft ist, dass für alle psychisch kranken Menschen Genesung und oftmals auch Heilung möglich ist (vgl. Knuf 2007, S. 42).

Gegründet wurde die Bewegung in den 1990er Jahren. Damals schlossen sich Menschen zusammen, die ehemals als unheilbar psychisch krank diagnostiziert worden waren. Bald darauf kamen auch Angehörige und Fachpersonen hinzu. Sie vertraten den Grundsatz, dass ein zufriedenes und erfülltes Leben sowie oftmals auch Heilung für alle psychisch kranken Menschen möglich ist. Die Bewegung nannte sich Recovery, weil dies mit Genesung oder Wiedererlangung von Gesundheit übersetzt werden kann (vgl. Knuf 2007, S. 43). Im Englisch-Deutsch-Lexikon wird Recovery zudem mit den Worten Wiederfinden, Wiedergewinnung, Zurückbekommen und Erholung übersetzt (Pons 2002, S. 491). Das Recovery-Konzept ist heute in vielen psychiatrischen Einrichtungen angloamerikanischer Länder vertreten. Im deutschsprachigen Raum beginnt es erst jetzt, bekannt zu werden.

Die Recovery-Bewegung kam zu der Erkenntnis, dass häufig zu negative Prognosen in der Psychiatrie gestellt werden. Vor allem die Schizophrenie hat den Ruf, unheilbar zu sein, obwohl inzwischen durch Langzeitstudien erwiesen wurde, dass ca. zwei Drittel der Betroffenen nur geringe oder gar keine Einschränkungen zu erwarten haben. Doch nicht nur die Schizophrenie leidet unter dem Vorurteil der Unheilbarkeit, auch die Borderlineerkrankung galt bis vor wenigen Jahren als kaum behandelbar, da die Patienten als zu schwer krank galten. Inzwischen hat sich jedoch herausgestellt, dass nur der Mangel an guten Behandlungsmethoden Anlass dazu gab, Borderline-Patienten Unheilbarkeit zu unterstellen. Da es inzwischen Behandlungsverfahren gibt, von denen sehr viele Patienten profitieren, können aktuelle Studien berichten, dass nach zehnjähriger Beobachtungsphase nur noch ca. 10 % der Betroffenen die Kriterien einer Borderlineerkrankung erfüllen.

Verhindert werden können diese Erfolge jedoch durch einen Mangel an Hoffnung. Hat eine Person keine Hoffnung auf Besserung, kann sie sich ein erfülltes und zufriedenes Leben sowie eine deutliche Symptomverbesserung nicht einmal vorstellen. Ungünstige Prognosen, beispielsweise in Form von Sätzen wie „Sie werden dauerhaft in einem Wohnheim leben müssen“ oder „Sie werden bis an ihr Lebensende Medikamente nehmen“ können sehr hoffnungsraubend sein (vgl. Knuf 2007, S. 43 f.). Recovery ruft dazu auf, sich von einer solchen Prognose nicht zur Hoffnungslosigkeit verleiten zu lassen. Entmutigende Aussagen haben eine große zerstörerische Kraft und bringen zusätzliche Belastungen mit sich (vgl. Amering/Schmolke 2007, S. 12). Somit kann die Mitteilung, eine Erkrankung sei unheilbar, die für die Gesundheit arbeitenden Kräfte untergraben und den Genesungsprozess verhindern (vgl. Amering/Schmolke 2007, S. 14 f.).

Die Recovery-Bewegung ist davon überzeugt, dass Genesung jederzeit möglich ist. Sie kann sowohl plötzlich mitten in einer Krise als auch langsam nach einer langen Krankheitsphase eintreten. Deshalb ermutigt Recovery die Betroffenen, die Beschränkungen der Patientenrolle zu verlassen und ein selbstbestimmtes, sinnerfülltes Leben zu leben. Eine psychiatrische Erkrankung sieht sie nicht als Defizit, sondern sie schaut auf die Ressourcen jedes einzelnen Betroffenen. Somit wird ein personenzentrierten Ansatz verfolgt, der sich mobil und flexibel an Ressourcen, Bedürfnissen und den individuellen Unterstützungen der Person in ihrem eigenen Lebensfeld orientiert. Auch dann, wenn nicht alle Erkrankungssymptome verschwinden, kann eingeübt werden, mit den individuellen Anfälligkeiten und Besonderheiten konstruktiv umzugehen. Hierzu gehört, dass die Einschränkungen akzeptiert und so unter Kontrolle gebracht werden, dass sie das Leben nicht mehr behindern (vgl. Amering/Schmolke 2007, S. 96-98).

In einem Recovery-Prozess sollen außerdem zunehmend resiliente Kräfte entwickelt werden (vgl. Amering/Schmolke 2007, S. 110). Der Begriff Resilienz wurde zuerst in der angloamerikanischen Ingenieurwissenschaft benutzt und gewinnt seit einigen Jahren auch in der Psychotherapie und in der klinischen Psychologie an Bedeutung. Er steht für Elastizität, Widerstandskraft und Wiedergewinnung der ursprünglichen seelischen Stabilität nach Belastung. Es handelt sich bei Resilienz also nicht um starre Kräfte eines Individuums, sondern darum, situationsangemessen und flexibel reagieren zu können (vgl. Amering/Schmolke 2007, S. 112 f.). Resilienz ist mehr als die Anpassung an widrige Verhältnisse. Laut einigen Forschern zeigt ein Mensch nicht trotz widriger Umstände resilientes Verhalten, sondern wegen dieser Umstände. Extreme Stresserfahrungen können somit ungeahnte Stärken hervorrufen (vgl. Amering/Schmolke 2007, S. 113).
Das Fundament der Resilienz kann durch eine sichere Bindungsbeziehung zwischen Baby und Bezugsperson und frühstmögliche Förderung dieser Beziehung in eine Person gelegt werden. Diese sichere Bindungsbeziehung fehlt bei Borderline-Patienten häufig. Doch sie kann erlernt, entwickelt und nachentwickelt werden (vgl. Amering/Schmolke 2007, S. 125).

Zudem vermittelt Recovery, dass aus unerfreulichen Quellen nützliche Inhalte gewonnen werden können. Nach traumatischen Erlebnissen wird daher nicht das Ziel angestrebt, eine Rückkehr in den vorhergegangenen Zustand zu erreichen. Stattdessen soll die Erfahrung, die das bisherige Bild von der Welt und der eigenen Situation in dramatischer Weise verändert hat, in das Leben integriert werden. Dadurch soll das Leben weder durch Verleugnung noch durch eine Opferrolle eingeschränkt werden. Der Geschädigte kann so zum Überlebenden und das Opfer zum Sieger werden (vgl. Amering/Schmolke 2007, S. 95).

6. Handlungsfelder der Sozialen Arbeit

Nach diesem Überblick über unterschiedliche therapeutische Ansätze möchte ich im Folgenden darauf eingehen, in welchen Bereichen der Arbeit mit Borderline-Betroffenen die Soziale Arbeit tätig werden kann. Die Handlungsfelder, in denen Sozialarbeiter tätig werden können, umfassen sowohl therapeutische Strategien als auch Bereiche, mit denen den durch die Störung mitverursachten Problemen begegnet wird.

Beginnen werde ich diesen Abschnitt mit der Definition sozialer Arbeit der DBSH. Danach gehe ich auf verschiedene Felder ein, in denen Sozialarbeiter tätig werden können. Dazu gehören beispielsweise Krankenhaussozialarbeit, Öffentlichkeitsarbeit und Angehörigenarbeit. Danach stelle ich die Dialektisch-Behaviorale Therapie und die systemische Gesprächsführung als zwei therapeutische Möglichkeiten vor, mit denen Sozialarbeiter Borderline-Betroffenen begegnen können.

6.1. Definition sozialer Arbeit

Der Deutsche Berufsverband für Sozialarbeit, Sozialpädagogik und Heilpädagogik (DBSH) definiert Soziale Arbeit wie folgt: „Soziale Arbeit als Beruf fördert den sozialen Wandel und die Lösung von Problemen in zwischenmenschlichen Beziehungen, und sie befähigt die Menschen, in freier Entscheidung ihr Leben besser zu gestalten. Gestützt auf wissenschaftliche Erkenntnisse über menschliches Verhalten und soziale Systeme greift soziale Arbeit dort ein, wo Menschen mit ihrer Umwelt in Interaktion treten. Grundlagen der Sozialen Arbeit sind die Prinzipien der Menschenrechte und der sozialen Gerechtigkeit" (www.dbsh.de/html/hauptteil_wasistsozialarbeit.html).

Somit richtet sich professionelle soziale Arbeit in ihren verschiedenen Formen an die vielfältigen und komplexen Beziehungen zwischen Menschen und ihrer Umwelt. Sie will ihnen zur Entwicklung ihrer gesamten Möglichkeiten verhelfen, ihr Leben bereichern und Dysfunktionen vorbeugen. Schwerpunktmäßig arbeitet sie auf Problemlösung und Veränderung hin.

Die Werte der sozialen Arbeit basieren auf dem Respekt vor der Würde und Gleichheit aller Menschen, soziale Gerechtigkeit und Menschenrechte sind Motivation sozialarbeiterischen Handelns. Sie konzentriert sich auf die menschlichen Bedürfnisse und die Entwicklung der

Stärken der Menschen, sie will Armut lindern und unterdrückte und ausgestoßene Menschen befreien und integrieren.
Das systemische Wissen, das sich aus Praxis und Forschung herleitet, ist Basis für die Arbeitsweise der professionellen sozialen Arbeit. Um schwierige Situationen zu analysieren und individuelle, soziale, kulturelle und organisatorische Veränderungen zu erleichtern, bedient sie sich der Wissenschaften über menschliche Entwicklung, Verhalten und Soziologie.
Auch Ungerechtigkeit, Ungleichheit und Grenzen in der Gesellschaft werden von der sozialen Arbeit angesprochen, zudem antwortet sie auf Gefahren, Krisen und alltäglich auftretende soziale und persönliche Probleme. Ihre Techniken, Methoden und Handlungsmöglichkeiten konzentrieren sich sowohl auf Individuen als auch auf die Umwelt. Sie ist somit an rein personenbezogenen psychosozialen Prozessen ebenso beteiligt wie an sozialer Gesetzgebung, Entwicklung und Planung. Auch Gruppenarbeit, klinische Sozialarbeit, Familienberatung und –therapie, sozialpädagogische Arbeit sowie die Unterstützung von Menschen, soziale Dienste in Anspruch zu nehmen, sind Handlungsfelder. Auch gehören Verwaltungstätigkeiten und soziale Aktionen, um eine enge Verknüpfung von wirtschaftlicher Entwicklung und sozialer Gesetzgebung zu erreichen, zu ihren Aufgaben. Soziale Arbeit ist somit ein Netzwerk von Werten, Theorien und Praxis (vgl. (www.dbsh.de/html/hauptteil_wasistsozialarbeit.html).

Die Definition des DBSH spricht etliche Punkte an, die auch in diesem Buch noch zur Sprache kommen werden. So wird in den folgenden Ausführungen erkennbar, wie soziale Arbeit den Betroffenen zur Entwicklung ihrer Stärken verhelfen will, zu ihrer Integration beiträgt und hilft, ihr Leben zu bereichern sowie Dysfunktionen vorzubeugen. Auch wird deutlich werden, wie sie sich im Bereich der Öffentlichkeitsarbeit beteiligt und die Umwelt der Individuen mit einbezieht. Ihr Arbeiten auf Problemlösung und Veränderung hin wird vor allem in dem Bereich, in dem es um systemische Gesprächsführung und um die Dialektisch-Behaviorale Therapie gehen wird, deutlich.

Neben den Schwierigkeiten, die die Störung ohnehin mit sich bringt, leiden viele Betroffene unter vielfältigen Folgen der Erkrankung. So können sowohl die Erkrankung als auch ihre Folgen soziale Probleme darstellen, die wiederum die Grundlage für sozialarbeiterisches Handeln bilden. Laut Staub-Bernasconi liegt ein soziales Problem dann vor, wenn der Einzelne aufgrund der für ihn bestehenden praktischen Probleme an der sozialen Teilnahme

und Teilhabe gehindert ist (vgl. Staub-Bernasconi 2007, S. 182). Dadurch wird deutlich, dass die soziale Arbeit im Umgang mit Borderline-Betroffenen ein breites Handlungsfeld hat.
Nie zu vergessen ist bei allen Hilfestellungen der sozialen Arbeit, dass Sozialarbeit auch Hilfe zur Selbsthilfe bedeutet. Der Sozialarbeiter hat deshalb die Aufgabe, bei all seinen Tätigkeiten dem Betroffenen zu einem von ihm unabhängigen Leben zu verhelfen und seine Selbstverantwortung und Autonomie zu fördern. Er muss durch sein Verhalten der Tendenz des Betroffenen entgegenwirken, sich von ihm abhängig zu machen (vgl. Rahn 2003, S. 98).

6.2. Die Versorgungseinrichtungen

Zu den unterschiedlichen Tätigkeitsfeldern der sozialen Arbeit gehört auch die Arbeit in Einrichtungen wie beispielsweise Krankenhäusern, Tageskliniken oder Wohneinrichtungen. Die Notwendigkeit dieser Einrichtungen wird im Folgenden erläutert, außerdem wird auf die ambulante Versorgung eingegangen.

6.2.1. Stationäre Versorgung

Die stationäre Versorgung der Betroffenen erfolgt beispielsweise in psychiatrischen Krankenhäusern oder der psychiatrischen Abteilung eines Allgemeinkrankenhauses (vgl. Richter/Obert 2001, S. 78). Stationäre Behandlung ist vor allem dann angezeigt, wenn aufgrund ausgeprägter Fremd- oder Selbstaggressivität ein Schutz nötig ist. Ein solcher Fall ist beispielsweise vorhanden beim Vorliegen von Suizidalität, Selbstschädigungstendenzen, Drogenmissbrauch und psychotischen oder paranoiden Dekompensationen. Außerdem gibt es Patienten, die nicht in der Lage sind, eine kontinuierliche Behandlung ambulant wahrzunehmen, so dass auch sie eine stationäre Behandlung benötigen (vgl. Janssen 2000, S. 505). Neben der Krisenintervention dient die Behandlung in Kliniken auch der Vorbereitung auf eine längerfristige ambulante Behandlung, der Durchführung von übenden Verfahren und der Vermittlung eines Therapiemodells (vgl. Rahn 2003, S. 114).
Sipos und Schweiger vertreten im Gegensatz zu den meisten Autoren die Auffassung, dass eine ambulante Therapie häufig nicht ausreicht und deshalb nur Patienten mit recht niedriger allgemeiner Symptombelastung, genügend sozialer Integration und niedriger Komorbidität ambulant behandelt werden sollten. Bei anderen Patienten müssen ihrer Meinung nach spezialisierte stationäre Behandlungsangebote angestrebt werden, da diese eine hohe Therapieintensität und die soziale Unterstützung durch das Team und die Mitpatienten bieten. Zudem haben negative Faktoren aus dem Umfeld der Betroffenen bei einer stationären Behandlung weniger Auswirkungen (vgl. Sipos/Schweiger 2005, S. 507).

Es gibt jedoch auch ambulante Angebote, die eine hohe Therapieintensität und soziale Unterstützung bieten können. Eine intensive und erfolgreiche ambulante Therapiemethode bietet beispielsweise die Dialektisch-Behaviorale Therapie. Es wäre auch finanziell schwierig, die Betroffenen für den gesamten Zeitraum der Therapie stationär zu betreuen, da zur Erreichung anhaltender und wichtiger Veränderungen ein längerer zeitlicher Rahmen notwendig ist. Auch die unter Punkt 5.6. erwähnte Chestnut-Lodge-Katamnesestudie besagt, dass Borderline-Patienten nur selten Langzeitaufenthalte wahrnahmen, dagegen jedoch häufig ambulante psychosoziale Therapien nach dem Klinikaufenthalt nutzten (vgl. McGlashan 2000, S. 676). Dies zeigt, wie wichtig eine zuverlässige Nachsorge ist, um die Betroffenen darin zu fördern, ihre Lebensaufgaben eigenständig zu bewältigen und dennoch den zuverlässigen Rückhalt einer psychosozialen Betreuung zu haben.

6.2.2. Tageskliniken

In Tageskliniken erhalten die Betroffenen in der Regel an drei bis fünf Tagen pro Woche für drei oder mehr Stunden eine strukturierte Therapie. Tageskliniken dienen der sozialen Rehabilitation und der fortwährenden Verfolgung der bisherigen Ziele. Sie eignen sich für Patienten, die fähig sind, sich um ihre grundsätzlichen Angelegenheiten wie beispielsweise Schlafen und Essen zu kümmern und die sicher vor selbstschädigenden Handlungen und vor Suizid sind (vgl. Gunderson 2005, S. 143 f.). Hier wird es den Patienten ermöglicht, tagsüber einen stabilen therapeutischen Rahmen zu erhalten und die restliche Zeit im privaten Umfeld verbringen zu können. Somit werden die sozialen Bezüge der Patienten weniger unterbrochen als bei einer stationären Behandlung (vgl. Richter/Obert 2001, S. 77).

6.2.3. Wohn- und Rehabilitationseinrichtungen

Eine weitere Möglichkeit der Betreuung sind Angebote bzw. Einrichtungen der Rehabilitation und Eingliederungshilfe. Dies können beispielsweise Wohneinrichtungen oder betreutes Wohnen sein. Häufig sind diese Eingliederungsmaßnahmen zeitlich nur ungenau bestimmt (vgl. Rahn 2003, S. 115 f.). Ein Ziel der Einrichtungen ist das Erlernen bzw. Festigen der Fertigkeiten des Alltagslebens wie beispielsweise Schlafen, Essen und Hygiene. Ein weiteres Ziel ist das Einleiten einer beruflichen Rehabilitation. Um dies zu erreichen, ist die Vernetzung mit diesbezüglichen Einrichtungen wichtig (vgl. Gunderson 2005, S. 139).

6.2.4. Ambulante Versorgung

Der Schwerpunkt der Behandlung von Borderline-Betroffenen liegt auf der ambulanten Therapie, die soziale Unterstützung und Beratung bietet. Hierbei ist ein stabiles Vertrauensverhältnis zwischen den Beteiligten eine wichtige Grundlage. Zur Überwindung von Borderline-Störungen ist ein Wechsel von Reflexion und Erfahrungsbildung notwendig. Ewald Rahn empfiehlt eine Kombination aus Einzel- und Gruppenaktivitäten, da durch die Einzelkontakte die Bewertung und Wahrnehmung von Alltagssituationen und der Umgang mit Beziehungen bearbeitet und korrigiert werden können und sich die Gruppenaktivitäten für übende Verfahren eignen (vgl. Rahn 2003, S. 112 f.).

Rahn betont, dass ambulante Angebote immer den stationären vorgezogen werden sollten. Er macht deutlich, dass bei Borderline-Betroffenen die instrumentelle Kompetenz nur selten so stark eingeschränkt ist, dass sie in einem Wohnheim untergebracht werden müssen. Dies ist meist nur bei Patienten nötig, die aufgrund von Behinderungen oder Minderbegabung ohnehin eine solche Betreuung benötigen (vgl. Rahn 2003, S. 117).

6.3. Tätigkeitsfelder der sozialen Arbeit

Im folgenden Abschnitt werde ich auf verschiedene Tätigkeitsfelder der sozialen Arbeit eingehen:

6.3.1. Krankenhaussozialarbeit

Da Borderline-Betroffene mitunter in Kliniken behandelt werden, sei es längerfristig oder zur Krisenintervention, leistet die Krankenhaussozialarbeit einen wichtigen Beitrag in der Behandlung der Betroffenen. Bei stationären Aufenthalten ist es notwendig, dass die Auswirkungen der Störung auf die soziale Situation der Betroffenen berücksichtigt werden, so dass Krankenhaussozialarbeit hier eine wichtige Funktion erfüllt.

Sozialarbeiter haben in der Klinik die Aufgabe, die multifaktoriellen Ursachen, Umstände und Folgen der sozialen und psychischen Probleme zu erkennen und auf verschiedenen Ebenen zu bearbeiten. Sie sollen zum Erhalt und Erwerb bzw. Wiedererwerb sozialer Kompetenzen beitragen und stellen ein Bindeglied zwischen Klinik und Umfeld der Betroffenen dar, sie leisten Integrationsarbeit und bieten Hilfe zur Selbsthilfe (vgl. LWL Funktionsplan 1991 zit. n. DBSH 2002, S. 16). Somit sind sie durch ihre handlungsorientierte Einflussnahme wichtiger Bestandteil der psychiatrischen Therapie (vgl. DBSH 2002, S. 16). Da Krankenhaussozialarbeiter häufig Vermittlungstätigkeiten übernehmen, müssen sie gute

Kommunikations- und Kooperationsfähigkeiten besitzen, um zu einem guten Informationsfluss beizutragen und innerhalb kurzer Zeit das Bestmögliche für den Klienten zu erreichen. Außerdem müssen sie gut mit den Hilfesystemen und deren Entscheidungsträgern zusammen arbeiten, um Hilfsangebote schnell an die Betroffenen vermitteln zu können (vgl. DBSH 2002, S. 37). Deshalb gehören regelmäßige Kontaktpflege sowie persönliche Kontakte und feste Kontaktpersonen bei wichtigen Kooperationspartnern und die Teilnahme an übergeordneten Gremien und Verbänden zu der Krankenhaussozialarbeit (vgl. DBSH 2002, S. 39).

Zudem haben Krankenhaussozialarbeiter die Aufgabe, sich mit der aktuellen Problem- und Konfliktlage des Patienten auseinander zu setzen und Lösungsmöglichkeiten zu erarbeiten. Sie führen Beratung in sozialrechtlichen und materiellen Fragen durch, die sich auf den Krankenhausaufenthalt, seine Ursachen und seine Folgen beziehen. Daneben wirken sie an der Therapieplanung mit, beraten Kollegen aus anderen Fachdisziplinen zu sozialen Fragestellungen und leisten ihren Beitrag zum Gesamtbehandlungsplan. Außerdem bereiten sie die Entlassung der Patienten vor, vermitteln soziale Hilfe und sichern Rehabilitations- bzw. Nachsorgemaßnahmen. Auch das Erkennen und Benennen gemeindepsychiatrischer Versorgungslücken und die Gemeinwesenarbeit gehören zu ihrem Aufgabengebiet (vgl. DBSH 2002, S. 17).
Die Beratungsangebote, die Sozialarbeiter bieten, umfassen Psycho-Soziale Beratung, durch die Zukunftsperspektiven erarbeitet werden sollen, wie beispielsweise Krisenintervention, Suchtberatung und Beratung zu persönlichen Problematiken. Außerdem bieten sie sozialrechtliche Beratung, die sich unter anderem mit Sozialhilferecht, Pflege- und Krankenversicherungsrecht, Schuldnerproblematik, Strafrecht, Arbeitsförderungsrecht und Unterhaltsrecht befasst (vgl. DBSH 2002, S. 43).

Ein weiterer Tätigkeitsbereich, der in der psychiatrischen Therapie zu einem großen Teil von Sozialarbeitern geleistet wird, ist die Gruppenarbeit. In diesem Rahmen finden sozialtherapeutische Gruppen statt, die lösungsorientiert oder indikativ sind oder soziales Kompetenztraining durchführen (vgl. DBSH 2002, S. 56). Zudem leiten Sozialarbeiter psychoedukative Patienten– und Angehörigengruppen, Infogruppen, einzeltherapeutische Hilfen, Angehörigenseminare, Soziotherapieangebote, sozialtherapeutische Gruppenarbeit und Angehörigengespräche.

Auch gehört es zu ihren Aufgaben, Patienten und deren Angehörige über Kontakt- und Beratungsstellen, ambulante Hilfsangebote, Betreutes Wohnen, Tagesstätten u.v.m. zu informieren (vgl. DBSH 2002, S. 44). Auch die Arbeitsplatzsicherung und die Vorbereitung der beruflichen Rehabilitation oder der Rente werden von ihnen übernommen. Hierzu gehören arbeitsplatzsichernde Hilfen, Vorbereitungen zur Einleitung beruflicher Rehabilitationsmaßnahmen, begleitende Arbeitstherapie und Vermittlung von Praxisstellen, stufenweise Wiedereingliederung, Kooperation mit Arbeitsvermittlern, Arbeitsverwaltung und Rentenversicherungsträgern sowie die Rentenantragstellung (vgl. DBSH 2002, S. 46).

Manche Patienten haben fast unüberblickbare Schwierigkeiten mit Vermietern, Behörden oder Arbeitgebern. Hier kann Sozialarbeit Hilfe leisten, indem sie sich über die Probleme einen Überblick verschafft und zu den unterschiedlichen Stellen Kontakt aufnimmt. Neben der praktischen Hilfe kann sie auch für Verständnis für die schwierige Lage der Betroffenen werben. Dabei darf die Förderung der Eigenverantwortlichkeit und Eigeninitiative des Betroffenen jedoch nicht außer Acht gelassen werden, so dass ihm der Sozialarbeiter nicht alle Aufgaben abnehmen sollte (vgl. Pfeifer/Bräumer 2004, S. 139 f.).
Außerdem haben Borderline-Patienten in stationärer Behandlung mitunter die Tendenz, die Behandlung zu verlängern, da der stationäre Rahmen häufig angenehme Bedingungen bietet. Dies können beispielsweise verständnisvolle Mitpatienten oder der Schutz vor Einsamkeit sein. Damit die Patienten jedoch während der Behandlung auf eine Entlassung vorbereitet werden, ist es wichtig, von Anfang an der Tendenz zur Behandlungsverlängerung entgegenzusteuern. Es sollte zur Therapieplanung gehören, die Umstände, die zu den stationären Aufenthalten geführt haben, zu analysieren und in die Behandlung einzubeziehen. Zudem können vorbereitend auf die Entlassung Arbeitsbelastungsversuche oder nächteweise Auswärtsaufenthalte durchgeführt werden (vgl. Bohus 2005, S. 482 f.).

Laut Gunderson besteht bei der stationären Unterbringung von Borderline-Betroffenen häufig die Gefahr, dass die klinischen Mitarbeiter so stark mit dem Handeln und den Gefühlen der Patienten beschäftigt sind, dass sie deren dauerhaften Beeinträchtigungen im sozialen Bereich übersehen (vgl. Gunderson 2005, S. 139). Deshalb empfiehlt er, sowohl in Krankenhäusern als auch in Wohngruppen und teilstationären Versorgungseinrichtungen jedem Patienten einen Sozialpädagogen als Koordinator und Betreuer zur Seite zu stellen. Dieser hat die Aufgabe, die Erfüllung des Therapieplans und die Fortschritte zu überblicken. Außerdem soll er dem Patienten in Fragen und Problemen des täglichen Lebens zur Seite stehen und das Erreichen der geplanten Ziele unterstützen. Wichtig ist, dass der Sozialarbeiter regelmäßigen Kontakt zum Therapeuten des Patienten unterhält, um Behandlungspläne abzustimmen und mit ihm zu klären, wer die Verantwortung für welche Entscheidungen trägt. Der Sozialarbeiter soll somit nicht pseudo-therapeutische Sitzungen durchführen, sondern hat die Aufgabe, als Koordinator zu fungieren. Deshalb sollten die Sitzungen dem Anlass entsprechen, eher kurz dauern und häufig stattfinden (vgl. Gunderson 2005, S. 141 f.).

Um das breite Aufgabenspektrum der Krankenhaussozialarbeit wahrnehmen zu können, sind unterschiedliche Personalkompetenzen erforderlich. Diese werden vom DBSH wie folgt definiert: „Personalkompetenzen sind die im Studium und Fortbildung erworbenen Fähigkeiten, der Sachverstand, aber auch die Charaktereigenschaften und persönlichen Stärken, die ein Mensch in seinen Beruf einbringt“ (DBSH 2002, S. 41). Neben Kooperationsfähigkeit und dem guten Auskennen über Strukturen, Hilfemöglichkeiten und Gesetzen gehören auch persönliche Kompetenzen zu den Personalkompetenzen. Dies sind beispielsweise ein professioneller Umgang mit Nähe und Distanz und das Kennen seiner eigenen Grenzen bezüglich Leistungsfähigkeit und Zuständigkeit. Auch eine empathische Haltung ist wichtig für dieses Aufgabengebiet (vgl. DBSH 2002, S. 41 f.).

6.3.2. Vernetzung und Wiedereingliederung

Doch nicht nur im stationären Rahmen, auch im ambulanten Bereich können Sozialarbeiter vernetzende und vermittelnde Tätigkeiten wahrnehmen. Manche Betroffene bauen ein ganzes Netz von Betreuern um sich herum auf, zu dem beispielsweise Sozialarbeiter, Ärzte, Lehrer, Seelsorger und engagierte Laien gehören. Ein solches Netz wird nicht automatisch zu einem tragfähigen Netz, sondern gleicht mitunter eher einem Knäuel, aus dem alle Beteiligten gerne ausscheiden würden. Da dieses Knäuel von dem Betroffenen zusammengestellt wurde und die unterschiedlichen Beteiligten nicht miteinander im Kontakt stehen, kann es dazu kommen, dass der Betroffene die einzelnen Beteiligten gegeneinander ausspielt (vgl. Pfeifer/Bräumer 2004, S. 177). Ein solches Netz kann keine umfassende Hilfe darstellen. Deshalb kommt der Vernetzung eine wesentliche Aufgabe zu. Es ist für eine effektive Betreuung des Betroffenen wichtig, dass die unterschiedlichen Hilfesysteme aufeinander abgestimmt sind und flexible Übergänge zwischen den verschiedenen Bereichen ermöglicht werden (vgl. Armbruster/Schulte-Kemna/Kluza 2006, S. 85).

Um die Hilfen in der differenzierten Versorgungslandschaft aufeinander abzustimmen und zu koordinieren, müssen die Helfer angemessen miteinander kommunizieren. Ewald Rahn weist darauf hin, dass die Kooperation der Helfer mitunter recht problematisch sein kann, wenn es an gegenseitigem Respekt vor den anderen Professionen mangelt (vgl. Rahn 2003, S. 94). Deshalb ist es zum Aufbau eines tragfähigen Netzwerkes hilfreich, in erster Linie diejenigen Kollegen anzusprechen, mit denen ohnehin schon eine Zusammenarbeit besteht. So kann beispielsweise durch Qualitätszirkel, Praxisgemeinschaften, Intervisionsgruppen oder Arbeitsgruppen in Verbänden eine erfolgreiche Zusammenarbeit erreicht werden (vgl. Gunia/Friedrich/Huppertz 2005, S. 528).

Da auch Arbeitslosigkeit eine schwerwiegende Belastung für die Betroffenen darstellen kann, ist es zudem auch im ambulanten Rahmen eine wichtige Aufgabe der sozialen Arbeit, zur Wiedereingliederung in das Berufsleben beizutragen.
Wie wichtig für die Genesung das Wissen ist, gebraucht zu werden, zeigt eine Studie des amerikanischen Psychiatrieprofessors Richard Warner. Diese Studie stellte fest, dass eine hohe Arbeitslosigkeit die Genesungsraten psychisch kranker Menschen reduziert (vgl. Knuf 2007, S. 45). Durch Arbeitslosigkeit werden nicht nur finanzielle Belange negativ beeinträchtigt, auch das Vertrauen in die eigenen Fähigkeiten und der Selbstwert leiden darunter. Außerdem hängt auch die soziale Integration häufig vom Vorhandensein eines Arbeitsplatzes ab. Aus diesem Grund kann durch den Einstieg bzw. Wiedereinstieg in die Arbeitswelt die Lebensqualität verbessert werden und eine Verhinderung von Rückfällen erfolgen. Deshalb ist eine enge Kooperation mit dem arbeits- bzw. ausbildungsrehabilitativen Bereich sinnvoll (vgl. Amering/Schmolke 2007, S. 53).
Außerdem können psychiatrische Versorgungseinrichtungen gemeinsam mit Arbeitgebern passende Konzepte für den Wiedereinstieg ins Berufsleben entwickeln. Ebenso kann durch spezialisierte Arbeitsvermittlungen ein Beitrag dazu geleistet werden, dass die Betroffenen Bewerbertraining und Praktika wahrnehmen können und Arbeitsplätze erhalten, die ihren Möglichkeiten und Fähigkeiten entsprechen (vgl. Schulze 2005, S. 143).

Haben die Betroffenen einen Arbeitsplatz, kann im Rahmen der Sozialarbeit über ihre Arbeitssituation gesprochen werden. Häufig haben sie Stärken wie Kreativität, Intelligenz und Feinfühligkeit, doch das Arbeitsverhältnis kann durch Schwächen wie z. B. eine schwankende bzw. geringe Belastbarkeit oder eine geringe Kritik- und Frustrationstoleranz stark belastet werden. Ist die Arbeitssituation von Belastungen geprägt, kann dies Folgen wie beispielsweise Schlafstörungen, ständige Erschöpfungsgefühle, chronische Schmerzen, innere Anspannung oder gesteigerte Gereiztheit mit sich bringen. Stellt die Arbeit eine solche Belastung dar, kann mit dem Betroffenen gemeinsam über Veränderungsmöglichkeiten gesprochen werden. In diesem Rahmen kann beispielsweise über eine Teilzeittätigkeit nachgedacht werden oder bei Arbeitsversuchen, die sich als nicht passend herausstellen, in Erwägung gezogen werden, diese wieder abzubrechen (vgl. Möhlenkamp 2004, S. 47 f.).

6.3.3. Selbsthilfegruppen und Internetportale

Ein weiteres Aufgabengebiet der sozialen Arbeit kann die Gründung und Betreuung von Selbsthilfegruppen sein. In Selbsthilfegruppen machen Betroffene oftmals die Erfahrung, dass sie nicht die einzigen sind, die unter Instabilität und Konflikten leiden. Außerdem können sie sich gegenseitig Halt geben und gemeinsam etwas unternehmen. Hierbei muss auf die Beteiligung aller Teilnehmer geachtet werden - stehen einige Beteiligten immer im Mittelpunkt, kann dies eine Gruppe sprengen (vgl. Pfeifer/Bräumer 2004, S. 147 f.). Neben den therapeutischen Zwecken, die Selbsthilfegruppen bieten, können sie auch die Interessen der Betroffenen in der Öffentlichkeit vertreten und zur Prävention beitragen, indem sie auf die Rahmenbedingungen aufmerksam machen, die eine Borderline-Störung begünstigen (vgl. Möhlenkamp 2004, S. 58).

Eine Selbsthilfegruppe ist beispielsweise die EA-Gruppe (Emotions Anonymus). Sie arbeitet nach einem ähnlichen Konzept wie die Anonymen Alkoholiker und steht Menschen mit emotionalen Schwierigkeiten offen. Ihr Ziel ist die Stärkung der Selbstverantwortlichkeit, außerdem bietet sie Möglichkeiten der gemeinsamen Freizeitgestaltung (vgl. Möhlenkamp 2004, S. 58). Dies kann den Betroffenen dazu verhelfen, aus der Isolation herauszukommen.

Auch durch das Internet hat eine starke Ausweitung der Kommunikationsmöglichkeiten stattgefunden. Die soziale Arbeit kann dies als Möglichkeit nutzen, um Internetportale zum Thema Borderline zur Verfügung zu stellen. Hier können sich sowohl Betroffene als auch Angehörige informieren, Fragen stellen und Anlaufstellen in Erfahrung bringen. Dies ist vor allem für Personen hilfreich, die sich aus Scham oder Angst nicht öffentlich über psychische Störungen informieren möchten (vgl. Gunderson 2005, S. 320).

Zudem kann durch Chatrooms ein aktiver Dialog zwischen den Betroffenen stattfinden. Sie können sich hier über Bewältigungsstrategien austauschen und aus der Isolation der Erkrankung herausfinden. Als Gefahr birgt dieser Austausch jedoch in sich, dass ungünstige Formen der Spannungslösung voneinander gelernt werden können oder Gespräche über

Suizidalität stattfinden. Solche Gespräche können schlimme Auswirkungen für die Betroffenen haben (vgl. Rahn 2003, S. 97 f.). Um dies zu verhindern, wäre es sinnvoll, dass in einem sozialpädagogisch gestütztes Internetportal immer Sozialarbeiter anwesend sind, die auf das Einhalten von Richtlinien achten. Eine solche Richtlinie müsste zum Beispiel sein, dass keine Anregungen zu ungünstigen Formen der Spannungslösung oder zu Suizidversuchen gegeben werden dürfen. Außerdem kann der Sozialarbeiter bei auftauchenden Fragen Hilfestellung bieten.

6.3.4. Öffentlichkeitsarbeit

Ein weiteres Aufgabenfeld kann die soziale Arbeit im Rahmen der Öffentlichkeitsarbeit wahrnehmen, denn die sozialen Probleme von Personen, die unter psychiatrischen Störungen leiden, bestehen mitunter auch in Diskriminierung und Stigmatisierung.

Gaebel u. a. definieren Stigmatisierung wie folgt: „Stigmatisierung bezeichnet den Prozess, bei dem eine Person auf Grund einer Eigenschaft oder eines Verhaltens von anderen zunächst als verschieden wahrgenommen wird, dann wegen dieses Unterschiedes mit unerwünschten Eigenschaften verbunden und in der Folge von der Gesellschaft abgelehnt oder gemieden wird“ (Gaebel, Möller, Rössler 2005, S. 1). Hierbei wird der einzelne Mensch auf einen Stereotypen reduziert, im Fall der Borderline-Erkrankung also auf „den Borderliner“. Auch Angehörige und Freunde der Betroffenen können Diskriminierungen und Stigmatisierungen ausgesetzt sein (vgl. Gaebel, Möller, Rössler 2005, S. 1).

Stigmatisierende Einstellungen in der Bevölkerung können beispielsweise darin bestehen, dass Betroffene als unberechenbar und gefährlich angesehen werden, dass sie selbst bzw. ihre Familie schuld sind an der Erkrankung, oder dass die Erkrankung unheilbar ist und einen chronischen Verlauf hat. Dies beruht mitunter darauf, dass in der Allgemeinbevölkerung nur mangelnde Informationen über psychische Erkrankungen bestehen. In den Medien werden psychisch kranke Menschen zudem oft als psychopathische Mörder oder gespaltene Persönlichkeiten dargestellt (vgl. Amering/Schmolke 2007, S. 62-64).

Vorurteile und soziale Isolation können noch belastender sein als die Krankheit selbst. Das mit psychischen Erkrankungen verbundene Stigma kann dazu führen, dass Menschen, die psychiatrische Symptome erleben, zögern, professionelle Hilfe in Anspruch zu nehmen (vgl. Schulze 2005, S. 122). Außerdem kann es zu einer Selbststigmatisierung kommen, da die Betroffenen häufig die Ansichten der Allgemeinheit teilen (vgl. Amering/Schmolke 2007, S. 62-64). Selbststigmatisierung bringt sozialen Rückzug, Selbstabwertung, Verheimlichung

und Scham mit sich, wodurch wiederum der Genesungsprozess stark behindert wird (vgl. Amering/Schmolke 2007, S. 72).
Deshalb ist es wichtig, dass die gesellschaftliche Akzeptanz psychisch Kranker verbessert wird. Eine in Deutschland durchgeführte Befragung brachte das Ergebnis, dass ein Großteil der Bevölkerung mehr Informationen und Aufklärung und eine positivere Berichterstattung in den Medien über psychisch Kranke wünscht (vgl. Zäske/Baumann/Gaebel 2005, S. 67). Die soziale Arbeit kann somit durch Öffentlichkeitsarbeit die gesellschaftliche Akzeptanz psychisch Kranker erhöhen.
Um eine Veränderung der Einstellung zu psychischen Krankheiten zu bewirken, können Interventionen an die Öffentlichkeit, an Laien und an Professionelle in Form von Protest, direktem Kontakt, Bildung und Information hilfreich sein. Die wirksamsten Interventionen sind diejenigen, die zu einem direkten Kontakt mit psychisch kranken Menschen führen, denn durch konkrete Erfahrungen können stereotype Vorstellungen über Personen am nachhaltigsten beeinflusst werden (vgl. Rüesch 2005, S. 205 f.).

Die Medien tragen zur Meinungsbildung bei, da die meisten Menschen mit psychisch Kranken nur wenige Erfahrungen machen. Dadurch haben Medien starke Einflussmöglichkeiten auf die Einstellungen und übernehmen eine große Verantwortung. Sie haben es mit in der Hand, in der Bevölkerung für Ablehnung oder Akzeptanz zu sorgen, so dass sie diese Einflussmöglichkeit durch aufklärende und informative Sendungen nutzbringend einsetzen können. Durch das Erscheinen wiederkehrender objektiver Berichte können Verständnis und offene, solidarische Begegnungen ermöglicht werden (vgl. Pupato 2005, S. 96 f.). Somit kann auch die soziale Arbeit durch Öffentlichkeitsarbeit dazu beitragen, dass eine objektive Berichterstattung über psychiatrische Erkrankungen gefördert wird. Zudem kann sie selbst Berichte über ihre Handlungsfelder erstellen und damit einen Beitrag zur Entstigmatisierung der Betroffenen leisten.

6.3.5. Angehörigenarbeit

Ein weiteres großes Aufgabenfeld der sozialen Arbeit ist die Arbeit mit Angehörigen. Häufig sind Angehörige in hohem Maße von den Verhaltensweisen der Betroffenen mitbetroffen und leiden stark unter der Erkrankung. Es kann ihnen Schwierigkeiten bereiten, mit der emotionalen Instabilität und den sich häufig ereignenden Konflikten umzugehen (vgl. Rahn 2003, S. 109 f.). Zudem können wiederholt auftretende Krisen, heftige Emotionen und die Probleme der Patienten, ihre Beziehungen zu gestalten, bei den Angehörigen starke

Reaktionen hervorrufen. Neben der Belastung, die durch die Erkrankung hervorgerufen wird, fehlen der Familie zudem häufig das Wissen und die Kompetenz zum Umgang mit dem Verhalten des Betroffenen (vgl. Ruiz-Sancho/Gunderson 2000, S. 772).

Eine Studie des Giessener Zentrums für Psychiatrie zeigte auf, dass Angehörige psychisch Kranker häufig unter krankmachendem Dauerstress leiden. Die Studie legte dar, dass 65 % der befragten Personen behandlungsbedürftig sind und meist unter einem psychovegetativen Erschöpfungssyndrom leiden (vgl. Heim 2001 a, S. 18). Deshalb ist es wichtig, den Angehörigen zu vermitteln, dass sie sich nicht überfordern sollten und nur dann eine Hilfe für den Betroffenen darstellen, wenn sie nicht selbst an ihren Bemühungen zerbrechen. Zudem kann Überforderung zu emotionalen Spannungen zwischen Betroffenen und Angehörigen führen. Die Angehörigen sollten deshalb nicht aus Rücksicht auf den Betroffenen die eigenen Belastungen verdrängen, sondern diese frühzeitig wahrnehmen. Außerdem sollte ihnen die Entwicklung von individuellen Entlastungsmöglichkeiten und Selbsthilfestrategien nahe gelegt werden (vgl. Scherrmann/Walter 2001, S. 149).

Das Dilemma, dem Angehörige zudem häufig ausgeliefert sind, schildert Susanne Heim, Mutter eines psychosekranken Sohnes. Sie beklagt, dass sie als Angehörige sowohl unterschwellig als auch offen als Krankheitsverursacher verdächtigt, dennoch aber ganz selbstverständlich als Auffangstation in Anspruch genommen wird. Zudem berichtet sie, dass Angehörigen entweder vorgeworfen wird, sie kümmern sich zu wenig um den Betroffenen, oder sie seien überbehütend und mischen sich überall ein. Daher ist es für Angehörige schwer abschätzbar, wo Fürsorge und Unterstützung notwendig sind und wo sie behindern (vgl. Heim 2001 a, S. 10). Ihre Forderung nach Unterstützung formuliert sie folgendermaßen: „Wer uns die Begleitung der Patienten im Alltag zutraut und *zumutet,* handelt unverantwortlich, wenn er/sie uns nicht einbezieht, uns nicht anhört, uns kollegialen Erfahrungsaustausch, Information und Kooperation verweigert! Und wir Angehörigen handeln *genauso* unverantwortlich, wenn wir das stillschweigend hinnehmen, uns immer wieder zur Verfügung stellen und uns Aufgaben aufhalsen (lassen), denen wir *so* nicht gewachsen sind" (Heim 2001 a, S. 13; Hervorhebung im Original).

Der Wunsch Susanne Heims, in die Behandlung mit einbezogen zu werden, ist durchaus berechtigt. Eine Einbeziehung von Angehörigen kann sich sehr förderlich auf den Behandlungserfolg auswirken (vgl. Gunderson 2005, S. 23). Indem sie die Hoffnung auf eine

Veränderung auch dann nicht aufgeben, wenn der Betroffene in Krisenzeiten die Hoffnung nicht mehr aufrechterhalten kann, können Angehörige einen entscheidenden Beitrag zur Genesung leisten (vgl. Knuf 2007, S. 44).

Somit ist es sinnvoll, zu dem sozialen Netz der Betroffenen Kontakt aufzunehmen, wobei selbstverständlich deren Autonomie berücksichtigt werden muss. Durch Einbeziehung der Angehörigen kann der Dialog zwischen den Betroffenen und ihren Bezugspersonen intensiviert und verbessert werden, außerdem können die Angehörigen hilfreiche soziale Unterstützung und Verständnis bieten (vgl. Rahn 2003, S. 110). Zunächst sollten die Angehörigen über den heutigen Kenntnisstand der Borderline-Störung aufgeklärt werden. Damit sich die Familie nicht als alleiniger Verursacher fühlt und die Zusammenarbeit nicht ablehnt, ist es außerdem wichtig, darauf hinzuweisen, dass nicht ein einzelnes Erlebnis oder eine einzelne Person für die Entwicklung der Störung verantwortlich ist. Der Familie muss nahegelegt werden, konstruktive Muster zum Umgang miteinander zu entwickeln, um zur Heilung des emotionalen Schmerzes beizutragen. Auch sollte ein aktiver Umgang und eine gesunde Neugier der Eltern an dem inneren Erleben des Patienten gefördert werden. Zudem sollten Eltern adoleszenter Betroffener ermutigt werden, eindeutige Grenzen zu setzen, um so die Grenzverwischungen und das Chaos in der Familie zu vermindern (vgl. Ruiz-Sancho/Gunderson 2000, S. 788 f.).

Ruiz-Sancho und Gunderson machen deutlich, dass im Hinblick auf die Angehörigen mitunter problematische Einstellungen von Seiten der Therapeuten herrschen. So sehen einige Therapeuten den Patienten als Opfer einer grausamen und sadistischen Familie und sich selbst als Retter des Patienten, der die Position der guten Eltern einnimmt, um die Fehler und Grausamkeiten der schlechten ursprünglichen Eltern wieder gutzumachen. Die Tendenz des Patienten, seine früheren Bezugspersonen zu entwerten, wird hierbei außer Acht gelassen. Dadurch wird die Familie aus dem therapeutischen Setting herausgehalten und die Chance vertan, die Hilfestellung der Eltern als wichtige Ressource zu nutzen. Eine weitere wenig hilfreiche Einstellung besteht dann, wenn der Therapeut den Patienten als manipulierendes, forderndes und verwöhntes Kind sieht, das seiner Familie das Leben schwer macht. Hier übersieht er, dass das Verhalten eine misslungene Antwort auf überwältigende Kindheitserfahrungen darstellen kann. Therapeuten mit dieser Einstellung können sich vom Patienten entfremden und dessen Gefühle vernachlässigen. Außerdem spielen sie das Ausmaß der familiären Schwierigkeiten herunter und fördern damit das zerstörerische und feindselige Verhalten (vgl. Ruiz-Sancho/Gunderson 2000, S. 773 f.). Aus diesem Grund ist es wichtig, dass in die Arbeit mit Borderline-Betroffenen beide Seiten einbezogen werden. Dadurch kann ein relativ ausgewogenes Bild der Familienkonstellation geschaffen und der Gefahr vorgebeugt werden, eine Seite für die Erkrankung verantwortlich zu machen. Außerdem ist es nicht Aufgabe der sozialen Arbeit, Schuldzuweisungen zu machen, vielmehr sollte auf eine Besserung der Situation hingewirkt werden.

Möhlenkamp rät den Betroffenen, Frieden mit ihren Eltern und ihrer Geschichte zu schließen. Er weist darauf hin, dass sich die Beziehung zum Guten wenden kann, auch wenn in der Herkunftsfamilie vieles nicht gut gelaufen ist. Wird das Bedürfnis nach Schuldeingeständnis und Anklage überwunden und entsteht gegenseitige Annahme, können sich die Beteiligten wieder einander öffnen (vgl. Möhlenkamp 2004, S. 17).
Das wichtige und lohnende Ziel, eine Versöhnung in der Familie herbeizuführen, kann von der sozialen Arbeit unterstützt werden, indem sie beispielsweise auf eine Aussprache der Beteiligten hinwirkt und daran teilnimmt. Doch es muss auch beachtet werden, dass die Eltern in manchen Fällen die Quelle der traumatisierenden Erfahrungen darstellen. Deshalb sollte genau geprüft werden, ob es wirklich ratsam ist, beispielsweise ein Zusammentreffen mit einem Vater, der sein Kind über Jahre hinweg sexuell missbraucht hat, herbeizuführen. Eine Aussprache hingegen mit Eltern, die emotional nicht in der Lage waren, ihrem Kind die Aufmerksamkeit und Liebe zu vermitteln, die es gebraucht hätte, kann durchaus sinnvoll sein. Hier können die Eltern dem Kind erläutern, warum sie nicht in der Lage waren, ihre Elternrolle besser wahrzunehmen. Dadurch kann gegenseitiges Verständnis geweckt und somit ein Beitrag zur Versöhnung geleistet werden.

Ein weiteres Aufgabengebiet der Angehörigenarbeit sind von Sozialarbeitern geleitete Angehörigengruppen. In Selbsthilfegruppen für Angehörige können Perspektiven in aussichtslos erscheinenden Situationen eröffnet und Solidarität erlebt werden. Zudem treten die Angehörigen aus der bisherigen Isolation heraus und erfahren, dass andere Personen ähnliche Erfahrungen machen. Sie haben die Möglichkeit, ihre Gefühle von Angst, Trauer, Zorn oder Ärger ausdrücken, ohne in Gefahr zu stehen, ihre kranken Angehörigen zu belasten oder eine Krise auszulösen. Bereits das Sprechen und Klagen über die Situation kann Entlastung bringen. Da sich viele Personen an der Erkrankung ihres Angehörigen schuldig fühlen und nachforschen, welche Fehler sie in der Vergangenheit begangen haben, können sie zudem ermutigt und unterstützt werden, das Geschehene anzunehmen und positiv der Zukunft entgegen zu sehen. Außerdem können sie sich gegenseitig neue Perspektiven eröffnen, indem sie sich berichten, wie sie sich in schwierigen Situationen verhalten. Zudem bieten Angehörigengruppen auch Potential, Teilnehmern aus schwierigen Situationen heraus zu helfen und durch Öffentlichkeitsarbeit gegen soziale und gesundheitspolitische Missstände anzugehen (vgl. Deger-Erlenmeier/Walter 2001, S. 156-158).

Psychoedukative Angehörigengruppen hingegen dienen dazu, Informationen über die Störung weiterzugeben und den Umgang der Angehörigen mit der Erkrankung zu verbalisieren und zu reflektieren. Gründliche Informationen sind wichtig zur Erlangung einer neuen positiven Einstellung und zum Umgang miteinander, zudem können sie Angst mindern und Sicherheit und Orientierung schaffen. Außerdem bieten die Informationen die Möglichkeit, ungünstige Verhaltensweisen, die auf einem falschen Verständnis der Krankheit beruhen, zu verändern und therapeutische Entscheidungen besser zu unterstützen und nachzuvollziehen. Ebenso kann der Umgang mit Suizidalität und Krisen in diesen Gruppen trainiert werden. Denkweisen, die unangemessen sind, können korrigiert und belastende Situationen verarbeitet werden. Durch Entlastung und Aufklärung können Angehörige den Betroffenen mehr Hilfe und Schutz bieten (vgl. Scherrmann/Walter 2001, S. 153 f.).

6.4. Prävention

Betrachtet man die Vielzahl der Probleme, die sich für Borderline-Betroffene durch die Störung und deren Folgen ergeben, wird deutlich, wie wichtig es ist, der Entstehung von Borderline-Störungen vorzubeugen.

Wie bereits deutlich wurde, sind die Faktoren, die eine BPS begünstigen, sehr vielfältig. In Bezug auf familiäre Faktoren vertritt Joel Paris die Meinung, dass sich soziale Faktoren auf Familien auswirken und dass die Funktionsfähigkeit der Kernfamilie von der Unterstützung durch die erweiterte Familie und durch die soziale Gemeinschaft mitbestimmt wird. Eltern, die auf eine solche Unterstützung zurückgreifen können, sind weniger leicht überfordert, so dass auch ihre Kinder unter stabil ausgebildeten sozialen Bedingungen aufwachsen können. Beim Vorliegen eines zerrütteten gesellschaftlichen Umfeldes jedoch wird eine Störung der Familie wahrscheinlicher. Ein solches Umfeld bietet zudem weniger alternative Bindungsmöglichkeiten. Aus diesem Grund haben Jugendliche, die psychologisch und biologisch anfällig sind, wenig Schutz und erliegen leichter sozial pathologischen Alternativen wie z.B. Suchtmittelmissbrauch oder Kriminalität. Paris legt die Vermutung nahe, dass der Zusammenbruch sozialer Strukturen eine Zunahme von Suchtmittelmissbrauch, suizidalen Handlungen und antisozialen Verhaltensweisen von Jugendlichen mit sich gebracht hat. Dadurch wird auch Persönlichkeitseigenschaften wie Impulsivität und affektiver Instabilität der Weg gebahnt.

Zudem bringt die begrenzte Verfügbarkeit von Arbeitsplätzen und Vorbildern mit sich, dass weniger soziale Rollen zur Verfügung stehen, so dass junge Menschen ihre Entscheidungen selbständig treffen und durch eigene Anstrengungen ihre Rollen erlangen müssen. Weisen sie affektiv instabile und impulsive Eigenschaften auf oder stammen aus einem schwierigen Familienhintergrund, kann es ihnen Schwierigkeiten bereiten, diesen Anforderungen gerecht zu werden. Paris vertritt die Auffassung, dass in einer Gesellschaft, in der Normen klar vorgegeben sind, auch die Individuen gegen eine Psychopathologie stärker geschützt sind. In traditionellen Gesellschaften wurden Lebensentscheidungen von der Gemeinschaft und nicht von dem Individuum getroffen, so dass auch der Zugang zu sozialen Rollen leichter und ein höheres Maß an Abhängigkeit möglich war. Aus diesem Grund ist es eine bedeutende Aufgabe sozialer Arbeit, eine Schutzfunktion zu bieten. Außerfamiliäre soziale Strukturen müssen Bindungsalternativen bieten, die die Effekte einer pathologischen Familienstruktur auffangen können. Gesellschaftsformen, die außerfamiliäre Beziehungen ermöglichen und jungen Erwachsenen zudem leicht zugängliche Rollen anbieten, können Auswirkungen einer Pathologie innerhalb der Familie reduzieren (vgl. Paris 2000 b, S. 815 f.).

In der Tatsache, dass durch gesellschaftliche Veränderungen die Rollen weniger stark vorgegeben sind, liegen selbstverständlich nicht nur Nachteile, da den Individuen in der Regel nun mehr Möglichkeiten zur Lebensgestaltung offen stehen. Da diese Veränderungen jedoch mit sich bringen, dass der Zugang zu sozialen Rollen erschwert werden kann, besteht insbesondere für die Arbeit mit Jugendlichen hier eine besondere Herausforderung. In Jugendzentren sollte diesbezüglich darauf geachtet werden, dass sie allen jungen Menschen in der Umgebung zugänglich sind und nicht nur zum Treffpunkt für einige Cliquen werden. Die dort arbeitenden Sozialarbeiter können Vorbildfunktionen übernehmen und in Gesprächen lebenspraktische Beratung bieten. Auch der Schule kommt eine große Verantwortung zu. Es ist wichtig, dass durch Öffentlichkeitsarbeit und von Seiten der Schulsozialarbeit darauf hingewirkt wird, dass nicht nur schulische Leistungen im Blickfeld der Lehrer stehen, sondern auch eventuelle pathologische Verhaltensweisen beachtet werden. Wird diesen Auffälligkeiten frühzeitig begegnet, besteht die Chance, durch geeignete Maßnahmen der Entwicklung von Persönlichkeitsstörungen entgegenzuwirken.

Dulz und Jensen sehen in den gesellschaftlichen Veränderungen außerdem die Gefahr einer Zunahme von Missbrauchshandlungen und Misshandlungen. Zu den Veränderungen zählen sie eine geringere Präsenz der Mütter in der Familie, die frühere Ablösung der Kinder und den Schritt von der Drei-Generationen-Familie hin zur Zwei-Generationen-Familie. In einer Drei-Generationen-Familie sehen sie den Vorteil, dass durch Gespräche mit anderen erwachsenen Familienmitgliedern eine Entlastung geschehen kann. Sind beide Elternteile berufstätig, besteht die Gefahr, dass ein missbrauchtes bzw. misshandeltes Kind bei dem nicht tätlichen Elternteil keinen Schutz finden kann, wenn dieser aufgrund der eigenen Belastung eine eher ignorierende oder duldende Haltung einnimmt. So können durch veränderte Gesellschafts- und Familienstrukturen psychische Störungen und somit auch Borderline-Störungen begünstigt werden (vgl. Dulz/Jensen 2000, S. 192 f.).

Auch Inzest gehört zu den Faktoren, die eine BPS begünstigen können. Stone sieht in der Auflösung von Familienstrukturen einen Grund für die Zunahme von Inzest, da laut Studien die Gefahr eines Inzests sechs- bis siebenmal so hoch ist, wenn ein Kind bei einem Stiefvater aufwächst. Er hält es daher für wichtig, pädagogische Maßnahmen durchzuführen, die das Bewusstsein der Bevölkerung dafür schärfen sollen, welche Gefahren Inzest aber auch Alkohol und Drogen mit sich bringen können. Dies soll dazu beitragen, in den kommenden Generationen die Rate der Borderline-Persönlichkeitsstörungen zu vermindern (vgl. Stone 2000 a, S. 9).

Außerdem ist es wichtig, in der Angehörigenarbeit auch die Kinder psychisch kranker Eltern zu beachten. Für sie ist es besonders wichtig, entlastet und gestärkt zu werden, damit sie später nicht selbst erkranken. Sie benötigen respektvolle Aufmerksamkeit und die Möglichkeit, ihren Kummer zu äußern. Außerdem leiden sie häufig darunter, dass ihnen vieles nicht erklärt wird. Um ihrer Ratlosigkeit und Einsamkeit Ausdruck zu verleihen, zeigen manche Kinder selbst problematische Auffälligkeiten (vgl. Heim 2001 b, S. 176-178). Zur Vorbeugung psychischer Probleme ist es daher wichtig, dass ihnen frühzeitig Aufmerksamkeit geschenkt und Hilfe geboten wird und nicht erst, wenn sie psychische Auffälligkeiten zeigen.

6.5. Grenzen der sozialen Arbeit

Trotz der vielfältigen Möglichkeiten, die Sozialarbeiter in der Arbeit mit Borderline-Betroffenen haben, gibt es auch Bereiche, in denen die soziale Arbeit an ihre Grenzen stößt.

Diese zu erkennen und zu akzeptieren ist sowohl für die Betroffenen als auch für die Sozialarbeiter von hoher Wichtigkeit. Aus diesem Grund werde ich im Folgenden auf einige der Grenzen eingehen.

Sehr wichtig ist es, dass der Sozialarbeiter den Betroffenen von Anfang an auf die Grenzen seiner Verfügbarkeit hinweist. Einige Borderline-Patienten stellen an ihre Helfer unerfüllbare Erwartungen, indem sie beispielsweise zu jeder Tages- und Nachtzeit anrufen möchten oder erwarten, dass die Helfer sie immer dann, wenn sie Hilfe benötigen, besuchen. Zudem erwarten manche Betroffene Zeichen der Zuwendung oder das Versprechen des Helfers, immer für sie da zu sein (vgl. Pfeifer/Bräumer 2004, S. 182). Eine zunächst hilfesuchende Anklammerung des Patienten an den Sozialarbeiter kann schnell zu einer erstickenden Umklammerung mit immer stärkeren Forderungen und Abhängigkeiten werden (vgl. Pfeifer/Bräumer 2004, S. 173). Um dem vorzubeugen, ist es wichtig, dass der Helfer sein Handeln kritisch reflektiert und seine eigenen Grenzen nicht übersieht, weil er denkt, er könne dem Betroffenen damit helfen (vgl. Rahn 2003, S. 68). Das Überschreiten unzulässiger Grenzen zwischen privaten und professionellen Beziehungen kann sich sehr destruktiv auf die therapeutische Beziehung auswirken (vgl. Rahn 2003, S. 65 f.).
Reinert zeigt auf, wie schnell es passieren kann, dass Helfende nicht mehr auf die Einhaltung der Grenzen zwischen privater und professioneller Beziehung achten. Er weist darauf hin, dass Borderline-Betroffene häufig eine starke Sensitivität besitzen, die sie in die Lage versetzt, jeden Gesprächspartner in kürzester Zeit in wesentlichen Zügen wahrzunehmen, sich auf ihn einzustellen und eine angenehme Kommunikation herbeizuführen. Durch einen solch angenehmen Erstkontakt kann sich der Therapeut schnell mit dem Hilfesuchenden auf einer Wellenlänge fühlen und denken, er könne eine wunderbare therapeutische Beziehung herstellen (vgl. Reinert 2004, S. 143). Doch in der Phase des freundlichen Annäherns legt der Patient möglicherweise ein falsches Selbst an den Tag, um den Eindruck einer unkomplizierten, angenehmen Person zu wecken. Dies bringt oft die Gefahr mit sich, vorschnelle Entscheidungen zu treffen, wie beispielsweise die Zusage, dem Patienten zuverlässig zur Verfügung zu stehen. Doch gerade zu Anfang einer therapeutischen Beziehung ist es notwendig, die positiven und negativen Perspektiven des Therapieverlaufs zu durchdenken (vgl. Reinert 2004, S. 214).

Auch bei akuter Suizidalität kann Sozialarbeit an ihre Grenzen geraten. Ewald Rahn rät: „Suizidalität sollte in jedem Fall ernst genommen und sensibel beobachtet werden, zumal die Hinweise auf eine mögliche Gefährdung oft genug sehr diskret sind" (Rahn 2003, S. 63). Spricht ein Borderline-Betroffener immer wieder über Suizid oder zeigt dahingehendes Verhalten, kann dies zur Überforderung des Sozialarbeiters führen, wenn dieser nur noch in Sorge um den Patienten ist. Versucht er jedoch, die Suizidalität zu ignorieren, besteht die Gefahr, dass sich der Betroffene in diesem Punkt nicht ernst genommen fühlt und nicht mehr über diese Tendenz spricht. Aus diesem Grund ist es notwendig, mit dem Patienten offen über das Thema zu sprechen und gemeinsam das Gefährdungspotential zu bestimmen, so dass entgegenwirkende Strategien entwickelt werden können. Während es für einige Patienten bereits entlastend ist, über das Thema zu sprechen, benötigen andere konkrete Absprachen (vgl. Rahn 2003, S. 63 f.). Erfolgt während der Behandlung dennoch ein Suizidversuch oder eine Selbstverletzung, sollte versucht werden, darauf nicht mit vermehrter Zuwendung zu reagieren, um das Verhalten nicht zu verstärken (vgl. Gunia/Friedrich/Huppertz 2005, S. 527). Manchmal besteht auch eine krisenhafte Zuspitzung, die ambulant nicht mehr aufgefangen werden kann. Deshalb ist bei akuter Suizidgefährdung eine Klinikeinweisung erforderlich (vgl. Pfeifer/Bräumer 2004, S. 173).

Ebenso kann der Umgang mit Traumata die soziale Arbeit an ihre Grenzen führen. Beim Vorliegen einer Traumatisierung in der Vergangenheit des Betroffenen muss zunächst sichergestellt werden, dass die traumatische Situation beendet ist. Da jedoch auch nach Beendigung einer solchen Situation die Gefahr einer Re-Traumatisierung besteht, muss der Sozialarbeiter im Gespräch sehr umsichtig mit dem Thema umgehen. Zudem sollte die Traumabehandlung nur von speziell dafür ausgebildetem Fachpersonal durchgeführt werden. Eine konkrete und intensive Beschäftigung mit dem Trauma sollte erst begonnen werden, nachdem sich der Betroffene genügend stabilisiert hat. Nur so ist er den emotionalen Belastungen, die das Thema mit sich bringt, gewachsen (vgl. Rahn 2003, S. 69-71).
Auch ist es notwendig, dass sich Sozialarbeiter in Einrichtungen, die für unterschiedliche Patientengruppen bestimmt sind, mit dem Thema der Borderline-Störung auseinandersetzen und klären, welche Ziele sie bei den Betroffenen erreichen wollen. Zudem müssen sie auch programmatische und konzeptionelle Fragen klären. Nur so kann eine gelingende Integration und eine positive Entwicklung der Betroffenen gewährleistet werden. Ansonsten können sich durch das Zusammentreffen verschiedener Bedürfnisse, Interessen und Verletzlichkeiten

Krisen und destruktive Konflikte entwickeln. Vor allem das Beachten strenger Regeln kann bei Borderline-Betroffenen auf Widerstand stoßen (vgl. Rahn 2003, S. 115 f.).

Da im Rahmen des impulsiven und selbstverletzenden Verhaltens der Einstieg in eine Sucht nicht selten ist, liegt bei Borderline-Betroffenen zudem häufig eine Komorbidität vor. Aus diesem Grund müssen die Hilfeformen aufeinander abgestimmt werden. Da die Suchterkrankung große Lebensrisiken mit sich bringt, sollte sie in der Hierarchie der Behandlung an erster Stelle stehen. Deshalb sollten Sozialarbeiter bei der Behandlung von suchtkranken Borderline-Betroffenen darauf achten, dass zunächst eine Abstinenzfähigkeit hergestellt wird und erst danach die Probleme der Borderline-Störung bearbeitet werden. Außerdem können bereits in eine Suchtbehandlung Elemente der Borderline-Therapie integriert werden (vgl. Rahn 2003, S. 72).
Außerdem ist es beim Vorliegen einer Suchtproblematik hilfreich, alternative Möglichkeiten zum Abbau innerer Spannungszustände zu finden. Dies können beispielsweise sportliche Aktivitäten sein (vgl. Möhlenkamp 2004, S. 41). Auch bezüglich des Selbstverletzungszwanges ist das Erlernen von alternativen Beruhigungsstrategien hilfreich. Zudem muss erlernt werden, Warnsignale frühzeitig wahrzunehmen und herauszufinden, welche Gegebenheiten Auslöser von Gefühlsstürmen sind (vgl. Möhlenkamp 2004, S. 42 f.).

Im Umgang mit Borderline-Patienten ist es zudem notwendig, dass sich der Helfer der Gefahr der Gegenübertragung bewusst ist. Freud führte den Begriff 1910 ein, um damit zu benennen, welche Auswirkungen der Patient auf die unbewussten Gefühle des Therapeuten hat. 1950 wurde der Begriff von Heinemann dahingehend erweitert, dass er alle Gefühle umfasst, die der Therapeut gegenüber dem Patienten empfindet. Somit ist die emotionale Reaktion des Therapeuten auf den Patienten eine Antwort auf die Affekte des Patienten, auf sein Verhalten während der Stunde, seine Hoffnungen und Wünsche, sein physisches Auftreten, sein Leiden, seine Forderungen, seine Selbstdarstellung und sein Verhalten gegenüber dem Therapeuten (vgl. Koenigsberg 2000, S. 88).
In der Arbeit mit Borderline-Patienten können Gegenübertragungen beispielsweise aktiviert werden, indem der Betroffene seine Suizidversuche und Suizidfantasien in dramatischen Einzelheiten schildert, wodurch der Therapeut die Fantasie entwickeln kann, den Patienten im letzten Moment von seinem Vorhaben abzubringen. Dies kann dazu führen, dass er unterschwellig vermittelt, der Patient solle sich in dramatische Krisen stürzen und dann den Therapeuten anrufen. Eine weitere Auswirkung von Gegenübertragung kann ein Gefühl der

Machtlosigkeit sein. Der Patient kann hierbei versteckt Kontrolle über den Therapeuten ausüben, indem er mit starker Wut und mit Ärger reagiert, wenn der Therapeut ungewünschte Themen anspricht. Dadurch kann sich der Therapeut machtlos und seiner therapeutischen Mittel beraubt fühlen (vgl. Koenigsberg 2000, S. 92 f.). Daher muss der Sozialarbeiter seine Gefühle und Reaktionen auch angesichts der Gegenübertragung immer wieder reflektieren.

6.6. Sozialarbeiterische therapeutische Möglichkeiten

Es gibt unterschiedliche therapeutische Möglichkeiten, die Sozialarbeiter im Umgang mit Borderline-Betroffenen durchführen können. Im Folgenden möchte ich zwei dieser Möglichkeiten vorstellen.

Eine Möglichkeit ist die systemische Gesprächsführung, zu deren Durchführung neben einem Studium der Sozialpädagogik auch eine abgeschlossene systemische Zusatzausbildung notwendig ist. Eine andere Therapiemöglichkeit ist die bereits mehrfach erwähnte Dialektisch-Behaviorale Therapie, für die ebenfalls eine Zusatzausbildung benötigt wird. Zudem gibt es eine Vielzahl an kompetenzorientierten Übungen, die gut in Arbeitsbereichen eingesetzt werden können, in denen auch Sozialarbeiter tätig sind. Dies kann z.B. in der Einzel- und Gruppentherapie in psychosomatischen Kliniken und Suchtkliniken und auch in (Sucht-) Beratungsstellen der Fall sein. So beschreiben Schmitz pp. in ihrem psychoedukativ- und kompetenzorientierten Therapieprogramm zur Förderung von Selbstakzeptanz, Menschenkenntnis und persönlicher Entwicklung eine Vielzahl an kompetenzorientierten Übungen, die den Betroffenen helfen können, ihren Umgang mit negativen Gefühlen zu verbessern (vgl. Schmitz pp. 2001, S. 106 ff.).

Bevor ich auf die beiden erstgenannten therapeutischen Möglichkeiten eingehe, möchte ich auf die Wichtigkeit einer guten Helfer-Patient-Beziehung zu sprechen kommen.

6.6.1. Die Wichtigkeit einer guten Therapeut-Patient-Beziehung

In der Therapie ist es sehr wichtig, dass eine gute Beziehung zwischen dem Therapeuten und dem Patienten aufgebaut wird, da im Rahmen der Therapie emotionaler Austausch und die Anteilnahme an Erfahrungen stattfindet. Der Therapeut kann mit seiner Verhaltensweise große Wirkungen auf den Patienten haben, so dass es wichtig ist, dass er das Vertrauen des Patienten gewinnt und aufrechterhält. Dazu gehört auch Verlässlichkeit wie beispielsweise das Einhalten von Terminen (vgl. Freeman/Christner 2005, S. 109 f.). Außerdem sind für eine gute therapeutische Beziehung gegenseitiger Respekt und gegenseitige Sympathie von

hoher Wichtigkeit. Der Therapeut muss die Fähigkeit besitzen, verständnisvoll zu sein und gleichzeitig fähig sein, Kontra zu geben und sich abzugrenzen. Eine ständige Schonung des Patienten ist nicht immer förderlich (vgl. Möhlenkamp 2004, S. 53 f.). Außerdem muss beachtet werden, dass neben Sympathie auch Neutralität wichtig ist, da nur so die therapeutische Haltung gewahrt werden kann (vgl. Dulz/Schreyer/Nadolny 2000, S. 492).
Wie wichtig gute therapeutische Beziehungen für die Genesung sind, zeigt eine Untersuchung der Universität Oslo. Hier wurden Patienten befragt, welches professionelle Verhalten sie als besonders gesundungsfördernd ansahen. Die Ergebnisse brachten klar hervor, dass in einer professionellen Beziehung die rein menschliche Komponente von großer Wichtigkeit ist. Fachleute wurden vor allem dann als sehr hilfreich erlebt, wenn sie ihren Klienten echtes Interesse entgegenbrachten und sie respektvoll behandelten. Auch Sinn für Humor und Hilfe in praktischen Dingen wurden als hilfreich angesehen. Ein weiterer Punkt war, dass sich gute Fachleute nicht über die Patienten stellen und sie längerfristig ermutigen können. Diese menschlichen Komponenten schienen für die Gesundung noch entscheidender zu sein als die spezifischen Therapiemethoden (vgl. Knuf 2007, S. 45).

Da viele Borderline-Patienten Beziehungsabbrüche erlebt haben, kann es für sie sehr heilsam sein, wenn sich der Therapeut entgegen ihren Erwartungen durch Ablehnungen nicht irritieren lässt, sondern weiterhin die therapeutische Beziehung anbietet. Viele Borderline-Betroffene haben Sehnsucht nach Beziehungen und die Hoffnung, dass jemand an ihnen interessiert bleibt, doch sie haben viele Enttäuschungen erlebt. Um zu erkennen, ob das Gegenüber wirkliches Interesse hat, können sie den Therapeuten testen, indem sie ihn beispielsweise in schwierige Situationen hineinmanövrieren. Indem der Therapeut die Beziehung dennoch aufrechterhält, kann er an diese Sehnsucht anknüpfen (vgl. Reinert 2004, S. 196 f.). Wie wirkungsvoll ein solches Verhalten sein kann, wird in dem unter Punkt 4.2.5. erwähnten Beispiel von Reinert deutlich, der durch sein Verhalten einen Patienten dazu bringen konnte, seine Suizidandrohungen zu beenden und sich für eine Therapie zu öffnen.

Wichtig in der Therapie ist es außerdem, die Helfer-Patient-Beziehung auszuhandeln. Dies ist vor allem dann nötig, wenn kein klarer Behandlungsauftrag erteilt ist oder wenn es dem Patienten schwer fällt, den Forderungen des Helfers zu folgen (vgl. Rahn 2003, S. 9).
Somit sollten klare und verbindliche Vereinbarungen geschlossen werden. Diese können Stabilität und Sicherheit schaffen und sind beim Auftreten eines Krisenfalls hilfreich.

Außerdem können sie der Entwicklung unrealistischer Erwartungen und Vorstellungen entgegenwirken und die Hilfebeziehung eingrenzen (vgl. Rahn 2003, S. 80).

6.6.2. Systemische Gesprächsführung

Beim Betrachten des Konzepts der Dialektisch-Behavioralen Therapie wird sichtbar, dass dieses therapeutische Vorgehen einige Ansätze enthält, die auch im systemischen Ansatz zu finden sind. So gehören beispielsweise eine starke Ressourcenorientierung und die Suche nach dem Sinn bestimmter Verhaltensweisen sowohl zur DBT als auch zum systemischen Ansatz.

Einige Sozialarbeiter, die speziell mit Borderline-Patienten, nicht jedoch in der DBT arbeiten, haben eine systemische Zusatzausbildung durchgeführt und setzen ihre Kenntnisse in der systemischen Gesprächsführung ein. Da der systemische Ansatz in der Arbeit mit Borderline-Betroffenen häufig angewandt wird, möchte ich ihn zunächst erläutern und danach die systemische Gesprächsführung vorstellen.

Der systemische Ansatz geht von einem zirkulären Systemmodell aus, in dem das Verhalten von Personen nur im jeweiligen Zusammenspiel der für sie wichtigen Interessen und Personen verstanden wird. In dem Ansatz wird daher danach gesucht, welcher Sinn in welchen Verhaltensweisen enthalten sein kann. Es wird davon ausgegangen, dass jede Erkenntnis durch die Struktur des Beobachters bestimmt ist und Objektivität daher nicht möglich ist. Der Klient wird als kundig angesehen, da er selbst am besten weiß, welche Problemlösungen für ihn sinnvoll sind. Da er als Experte in eigener Sache gilt, ist die Haltung der Professionellen von Wertschätzung, Respekt und Nicht-Wissen ihm gegenüber gekennzeichnet. Problemlösungen werden deshalb nicht von außen an ihn herangetragen, sondern werden aus ihren spezifischen Rahmenbedingungen heraus gemeinsam erarbeitet. Hierbei liegt der Fokus auf den Fähigkeiten und Ressourcen des Klienten, die ihm bisher dazu verholfen haben, Probleme zu lösen (vgl. Kandziora 2007, S. 955).

Wie in allen therapeutischen Prozessen ist auch in der systemischen Gesprächsführung eine wertschätzende Haltung von entscheidendem Stellenwert (vgl. Hargens 2004, S. 107). Jürgen Hargens, Herausgeber der Zeitschrift für systemische Therapie, macht dies mit folgenden Sätzen deutlich: „*Wertschätzen* und *respektieren* sind in meinen Augen *die* unentbehrlichen Grundzutaten. Deshalb steht für mich der wertschätzende Rahmen – die Orientierung an der Kompetenz, das Forschen nach früheren Erfolgen, das Erkunden von augenblicklichen Stärken – im Zentrum meiner Arbeit“ (Hargens 2004, S. 110; Hervorhebung im Original).

Da im systemischen Ansatz das Individuum im Kontext seines sozialen Rahmens gesehen wird, müssen auch die Hintergründe beachtet werden, aus denen der Betroffene kommt und durch die er geprägt wurde (vgl. Hildenbrand/Welter-Enderlin 1996, S. 42). Die jeweilige Welt der Individuen bzw. ihrer Familie mit ihren Beziehungs-, Interaktions- und Deutungsmustern wird im Gespräch gemeinsam rekonstruiert und neu konstruiert (vgl. Hildenbrand/Welter-Enderlin 1996, S. 61).

Hargens weist darauf hin, dass jedes Gespräch als erstes und als letztes Gespräch angesehen werden sollte, unabhängig davon, ob noch weitere Gespräche stattfinden. Damit will er ausdrücken, dass die Möglichkeiten des gerade stattfindenden Gesprächs voll genutzt werden sollten. Da sich die Beteiligten ständig verändern, bezeichnet er jedes weitere Gespräch als erneutes Erstgespräch (vgl. Hargens 2004, S. 11).
Seine Klienten bezeichnet Hargens als Kunden, die seine Dienstleistung kaufen und Experten für ihr Leben, ihre Ziele und ihre Ressourcen sind. Die Gespräche sollen sie unterstützen, diese Kundigkeit direkt und unmittelbar zu nutzen. Ihre Möglichkeiten und Ressourcen sollen in den Sitzungen erkannt, herausgearbeitet und ausgeweitet werden (vgl. Hargens 2004, S. 19). Somit liegt der Fokus systemischer Gespräche mehr auf den Ressourcen als auf den Defiziten der Lebenspraxis (vgl. Hildenbrand/Welter-Enderlin 1996, S. 63). Der Hilfesuchende wird hier nicht als entweder gesund oder krank und nicht als entweder handlungsfähig oder hilflos angesehen, sondern er gilt trotz seiner Einschränkungen als autonome Person. Auch wenn er in den Bereichen, in denen seine Autonomie beschädigt ist, Hilfe benötigt, sind ihm in anderen Bereichen seine Autonomiespielräume verblieben (vgl. Hildenbrand/Welter-Enderlin 1996, S. 22).

Durch die systemische Gesprächsführung sollen neue Handlungsmöglichkeiten aufgezeigt werden. Die Lebenspraxis soll neu orientiert werden, indem Sinn- und Handlungsmuster sowie Handlungsstrukturen verändert werden. Der Therapeut hat hierbei die Aufgabe, problematische Handlungsmuster des Klienten zu erkennen und Ideen zu entwickeln, welche lebenspraktisch angemessenen neuen Muster der Klient entdecken könnte. So soll dem Klienten dazu verholfen werden, neue Perspektiven einzunehmen und neue Ideen zu entwickeln. Hierzu gehört es, dass der Therapeut dem Betroffenen seine Vorstellungen nicht aufdrängt und ihm nicht die Verantwortung für das Entstehen von Neuem entzieht. Vielmehr soll er ihm dazu verhelfen, seine Situation aus einer anderen Perspektive heraus zu betrachten, damit die problematische Routine unterbrochen wird und einer neuen Routine

Raum geschaffen werden kann, die der jetzigen Lebenspraxis angemessenen ist (vgl. Hildenbrand/Welter-Enderlin 1996, S. 21). Um unterschiedliche Perspektiven zu ermöglichen, bringt der Therapeut auch reflektierende, sich ständig verändernde Positionen ein. Er gestaltet damit die therapeutische Konversation, überlässt jedoch dem Hilfesuchenden die Fachlichkeit und die Professionalität, zu wissen, was er will, denkt und glaubt (vgl. Hargens 2004, S. 50 f.). Somit ist der Therapeut für den Prozess verantwortlich, doch er ist kein außenstehender Experte, sondern nimmt am therapeutischen Prozess aktiv teil.
Um Sinn- und Handlungsspielräume im Gespräch zu differenzieren und zu erweitern, bietet er zudem alternative Sichtweisen von Problemen an, regt zum Ausprobieren konkreter Verhaltensveränderungen im Alltag an und spricht mit dem Hilfesuchenden über mögliche Bedeutungen von Symptomen, die bisher nicht anders ausgedrückt werden konnten (vgl. Hildenbrand/Welter-Enderlin 1996, S. 62).
Dem Betroffenen kann dadurch dazu verholfen werden, sich der von ihm konstruierten Welt klarer und bewusster zu werden. Die Weltsicht, mit der er in das Gespräch kommt, kann hier respektvoll in Frage gestellt werden, um ihm dazu zu verhelfen, sich Welten zu konstruieren, die besser zu den von ihm angestrebten Zielen passen könnten (vgl. Hargens 2004, S. 37).

Wie wichtig es ist, Alternativen zu erkennen, macht Hargens mit folgenden Worten deutlich: „Alternativen, die erkennbar werden, stellen Möglichkeiten dar und vergrößern so die verfügbaren Optionen – und ein Anwachsen der Optionen ist zumeist mit *Hoffnung* verbunden: Es könnte nämlich so sein, dass mehr möglich sein könnte als es zunächst den Anschein hat. In diesem Sinne stellt Hoffnung für mich einen wesentlichen Aspekt dieser Arbeit dar“ (Hargens 2004, S. 24; Hervorhebung im Original).

In seinem Buch über Gestaltungsmöglichkeiten hilfreicher systemischer Gespräche stellt Jürgen Hargens seine Vorgehensweise beeindruckend und realitätsnah dar. Im Folgenden möchte ich einige Aspekte seines Vorgehens hervorheben.
Hargens weist darauf hin, dass zu Beginn der Zusammenarbeit darüber Klarheit hergestellt werden muss, welche Ziele angestrebt werden (vgl. Hargens 2004, S. 64). Außerdem müssen ein Kontext des Kooperierens geschaffen und grundlegende Regeln ausgehandelt werden (vgl. Hargens 2004, S. 38). Mit der ersten Frage, die er beim Erstgespräch stellt, will er von Anfang an einen zieldienlichen und kooperativen Rahmen herstellen. Seine Fragen eröffnen Raum für mehr als nur eine Antwort, fokussieren sich stärker auf positive oder überraschende Aspekte, verwenden den Bezugsrahmen des Kunden, beziehen sich vor allem auf Zukunft

und Erwartungen, schließen persönliche Bedeutungen ein und überlassen dem Kunden die Verantwortung. Zudem geben sie Raum für Intentionen und Implikationen. So kann beispielsweise die Frage „Was kann ich heute für sie tun?“ dem Kunden Raum für jede Antwort geben und hinterfragen, weshalb er zur Therapie geht. Lösungsorientierte Fragen wie „Welche Ideen haben Sie, was heute hier passieren sollte?“ können dem Kunden dazu verhelfen, zu erkennen, in welchem Bereich er ein Vorankommen wünscht und sich darüber klar zu werden, worüber er sprechen möchte. Ähnlich ist die Frage „Wenn wir heute auseinandergehen, was müsste dann für Sie anders bzw. passiert sein, damit Sie sagen können, dass es hilfreich war?“. Hiermit können die Erwartungen des Kunden zugänglich gemacht werden und der Therapeut kann erkennen, wie er sich hilfreich verhalten kann. Die Frage „Wenn Ihr Problem gelöst wäre, wie würde ich an Ihnen bemerken, das etwas anders wäre?“ kann helfen, das gewünschte Ergebnis zu nennen (vgl. Hargens 2004, S. 41-44).
In die systemische Therapie können auch nicht anwesende Menschen einbezogen werden, beispielsweise, indem der Therapeut einen leeren Stuhl zu Hilfe nimmt. Der Patient kann sich dann eine bestimmte Person vorstellen, die auf diesem Stuhl sitzt und überlegen, was diese Person sagen würde. Eine andere Möglichkeit ist es, den Patienten zu fragen, welchen Rat er sich geben würde, wenn er sein eigener Therapeut wäre (vgl. Hargens 2004, S. 54 f.).
Nachdem in der Beratungssituation Ideen entwickelt wurden, können diese im Alltag verwirklicht werden und sich erst dann als nützlich, zieldienlich und hilfreich erweisen. Somit kann in der Beratungssituation noch nicht geprüft werden, ob die Ideen zieldienlich waren - dies erfährt der Kunde erst im Alltag. Die Sitzung kann also keine Probleme lösen, sondern nur Möglichkeiten, Ideen, Anregungen und Hilfsmittel erarbeiten (vgl. Hargens 2004, S. 60 f.).

Die Möglichkeit, die systemische Gesprächsführung in der Arbeit mit Borderline-Betroffenen zu nutzen, ist hilfreich und sinnvoll, da der hier verfolgte Weg unter anderem die Suche nach dem Sinn bestimmter Verhaltensweisen und das Aufzeigen von Alternativen umfasst. Dennoch ist häufig ein umfassenderes Therapieprogramm nötig, gerade, wenn eine schwere Borderline-Persönlichkeitsstörung vorliegt. Die Dialektisch-Behaviorale Therapie bietet ein solch umfassendes Programm für die Therapie von Borderline-Betroffenen.

6.6.3. Die Dialektisch-Behaviorale Therapie (DBT)

Die Dialektisch-Behaviorale Therapie, die ich im Folgenden mit DBT abkürzen werde, stellt eine Therapiemethode dar, die sich im Umgang mit Borderline-Betroffenen immer größerer Beliebtheit erfreut. In zahlreichen Fachbüchern, Internet-Foren und von Kliniken wird sie häufig empfohlen. Da DBT viele Erfolge verbuchen kann und zudem eine Therapiemethode ist, die auch von Sozialarbeitern durchgeführt werden kann, möchte ich in diesem Teil des Buches gesondert auf diese Form der Borderline-Therapie eingehen.

Bis zum Jahr 2011 wurde in neun großen Studien und fünf weiteren Studien die DBT gegenüber anderen Verfahren getestet, hierbei hat sie sich als den anderen Behandlungsformen überlegen erwiesen (vgl. Bohus pp. 2012, S. 35). Nach einjährigem Verlauf konnte sie parasuizidale Verhaltensweisen, schwere parasuizidale Handlungen und parasuizidale Episoden sowie Therapieabbrüche stark vermindern. Die behandelten Patienten benötigten weniger stationäre psychiatrische Aufenthalte und weniger stationäre Behandlungstage. Zudem konnten sie ihre Wut stärker reduzieren als Patienten in anderen Therapierahmen (vgl. Comtois/Cochran/Linehan 2000, S. 576).

Die Therapiemethode wurde in den frühen neunziger Jahren als störungsspezifisches ambulantes Behandlungskonzept für chronisch suizidale Borderline-Patientinnen entwickelt (vgl. Bohus 2005, S. 466). Sie umfasst sowohl verhaltenstherapeutische als auch kognitive Therapietechniken und wird inzwischen international am häufigsten bei der Borderline-Therapie angewendet (vgl. Sipos/Schweiger 2005, S. 512).

Entwickelt wurde die DBT von der amerikanischen Psychologieprofessorin Marsha M. Linehan. Diese hatte selbst eine lange Zeit in geschlossenen psychiatrischen Abteilungen verbracht und sich entschlossen, einen Weg aus der Erkrankung heraus zu finden und diesen Weg auch anderen Personen zu eröffnen. Aus dieser Motivation heraus entwickelte sie die DBT und hinterfragte ihre Überzeugungen, wie die Behandlung wirken sollte, so lange, bis sie wissenschaftlich überzeugende Daten vorweisen konnte. Somit flossen bei der Entwicklung der DBT die eigenen leidvollen Erfahrungen der Begründerin ein, andererseits wurden die einzelnen Schritte wissenschaftlich überprüft (vgl. Bohus pp. 2012, S. 43). Frau Linehan arbeitete selbst über zwanzig Jahre lang intensiv mit Borderline-Patienten. Sie verfolgte das Ziel, gemeinsam mit den Betroffenen Wege zu finden, um das Leben besser zu bewältigen. Linehan erstellte ein Konzept, das sich an Sozialarbeiter, Ärzte und Psychotherapeuten richtet und vermitteln soll, wie Therapie mit Borderline-Patienten lernbar und lehrbar erscheint. Dazu beschrieb sie ihre Therapieform sorgfältig und erstellte umfassendes Material. Ihr Ansatz gewann, nicht zuletzt durch das Veröffentlichen in wissenschaftlichen Zeitschriften, eine breite Resonanz und gilt heute als Standard in der Borderline-Therapie (vgl. Pfeifer/Bräumer 2004, S. 152 f.).

In der DBT hat die Dialektik einen besonderen Stellenwert. Linehan sagt hierzu folgendes: „Die grundlegendste Dialektik ist die Notwendigkeit, die Patientinnen so zu akzeptieren, wie sie sind, und gleichzeitig den Versuch zu unternehmen, ihnen beizubringen, sich zu verändern“ (Linehan 2006, S. 15). Hieran wird deutlich, dass die Dialektik in der Therapie vor allem darin besteht, den Patienten gleichzeitig zu akzeptieren und dennoch den Kontext für eine Veränderung zu schaffen. Eine weitere dialektische Strategie ist es, in der Interaktion mit den Patienten spezifische Strategien und therapeutische Positionen ausgewogen anzuwenden. Dazu ist eine Kombination von Flexibilität und Stabilität, Akzeptanz und Veränderung, Unterstützung und Herausforderung notwendig, zudem müssen sowohl Fertigkeiten als auch Defizite und Grenzen des Patienten beachtet werden (vgl. Linehan 2006, S. 148). Die Dialektik besteht zudem darin, dass ein Ertragen von Widersprüchen und Veränderung erreicht werden soll und dialektische Denkmuster (von „entweder-oder“ zu „sowohl-als auch“) anstelle der für die Betroffenen typischen dichotomen Denkweisen entwickelt werden sollen (vgl. Schmitz pp. 2001, S. 22).
Wärme, Bestätigung und Unterstützung sind ebenso notwendig wie eine aktive und auf den Wandel des Verhaltens ausgerichtete Rolle des Therapeuten. Mit der therapeutischen Beziehung soll eine reale Beziehung mit allen dazugehörigen natürlichen Einflussfaktoren eingegangen werden, damit die Patienten die effektive Teilnahme an Beziehungen erlernen und auf andere Beziehungen übertragen können (vgl. Comtois/Cochran/Linehan 2000, S. 589 f.).
Auch der Aufbau dialektischer Denkmuster sowie das Erlernen der Fähigkeit, extreme Reaktionen durch integrative, ausgeglichene Reaktionen zu ersetzen, gehören zur Therapie. Damit den Patienten aus dem Schwarz-Weiß-Denken geholfen wird und sie beginnen, schwarz und weiß gleichzeitig zu akzeptieren, soll die Realität als vielschichtig und komplex erkannt werden, in Gegensätzen gedacht werden und einander widersprechende Standpunkte eingenommen oder in der Person vereint werden (vgl. Linehan 2006, S. 89 f.).

Die einzelnen Problem- und Zielbereiche sind nach ihrer Priorität für den Behandlungsablauf hierarchisch geordnet. Hierbei handelt es sich um folgende Bereiche:

- Verringerung von suizidalen und parasuizidalen Verhaltensweisen
- Verringerung therapiegefährdender Verhaltensweisen wie z.B. Terminversäumnisse, Verweigerung von Hausaufgaben oder der Mitarbeit im Verhaltenstraining, feindseliges oder aggressives Verhalten
- Verringerung von Verhalten, das die Lebensqualität schwer beeinträchtigt wie z.B. Drogen- und Alkoholmissbrauch, Essstörungen, finanzielle Probleme, antisoziales Verhalten oder Promiskuität
- Förderung von innerer Achtsamkeit, Umgang mit Gefühlen, Stresstoleranz sowie zwischenmenschlichen Fertigkeiten als adäquate Bewältigungsstrategien und als Voraussetzung für die nächsten Therapieschritte
- Verringerung posttraumatischer Belastungsreaktionen, deren Bearbeitung in vier Schritten erfolgt: Akzeptanz des Traumas, Verminderung von Stigmatisierung und Selbstbeschuldigung, Bearbeitung der Verleugnung und Umgang mit der Missbrauchsdichotomie
- Förderung der Selbstachtung und anderer Ziele des Patienten (vgl. Schmitz pp. 2001, S. 22).

Die Dialektisch-Behaviorale Therapie kann in jedem Therapie-Setting durchgeführt werden. Die ambulante Therapie erstreckt sich über zwei Jahre (vgl. Pfeifer/Bräumer 2004 S. 158).
Zu der ambulanten DBT gehören Einzelsitzungen, Fertigkeitstraining in der Gruppe, telefonische Beratung und Fallberatungen für die Therapeuten.
Bei dem Bezugstherapeuten erhält jeder Patient einmal pro Woche Einzelsitzungen. In Krisensituationen, zu Beginn der Behandlung oder bei Patienten, die dies benötigen, finden sie zweimal wöchentlich statt.
Am Fertigkeitstraining müssen alle Patienten im ersten Behandlungsjahr teilnehmen. Es enthält ein psychoedukatives Programm und findet in der Regel einmal wöchentlich in einer 2 – 2 ½ stündigen offenen Gruppe mit normalerweise 6-8 Teilnehmern statt.
Die telefonische Beratung zwischen den psychotherapeutischen Sitzungen ist wichtiger Bestandteil der DBT. Linehan stellte fest, dass einige Patienten zu parasuizidalen Verhaltensweisen greifen, um ihren Hilfeschrei auszudrücken. Gerade in Krisensituationen benötigen sie eine Möglichkeit für therapeutischen Kontakt. Andere Patienten hingegen fordern auf rücksichtslose und manipulierende Weise Hilfe. Durch die telefonische Beratung sollen diese Verhaltensweisen verändert werden. Außerdem ist telefonische Beratung zur Anwendung der erlernten DBT-Fertigkeiten im alltäglichen Leben hilfreich. Hier können die

Patienten durch einen Anruf Hilfe dabei erhalten, die erworbenen Fertigkeiten erfolgreich auf alltägliche Situationen umzusetzen. Auch Missverständnisse oder Konflikte in der therapeutischen Beziehung können durch die telefonischen Kontakte geklärt werden, ohne dass damit bis zur nächsten Sitzung gewartet werden muss.
Eine Teamsitzung für Therapeuten ist wichtig, da die Borderline-Therapie sehr anstrengend sein kann. Viele Therapeuten leiden früh an einem Burnout-Syndrom, andere hingegen zeigen iatrogenes Verhalten. Auch besteht die Gefahr, dass der Therapeut zwischen Nachgeben, Bestrafen und Wiederversöhnung hin- und herpendelt. Deshalb werden die Schwierigkeiten der Therapie in den Fallbesprechungen erörtert. Ebenfalls gehört die Teilnahme der Therapeuten in einem Beratungs- oder Supervisionsteam zur DBT.
Patienten, bei denen die Bestandteile der DBT nicht ausreichen, erhalten je nach Bedarf zusätzlich Pharmakotherapie, Berufsberatung, den Aufenthalt in einer Tagesklinik, die Teilnahme an einer Selbsthilfegruppe oder eine akute stationäre Aufnahme. Diese zusätzlichen Maßnahmen können entweder in die DBT-Behandlung aufgenommen werden oder extern erfolgen (vgl. Linehan 2006, S. 75-78).

Die Einzeltherapie gliedert sich in vier Stufen. In der ersten Sitzung wird über die Verpflichtungen gesprochen, die der Patient eingeht. Nach Ermessen des Therapeuten wird hierzu entweder ein schriftlicher Vertrag aufgesetzt oder das mündliche Einverständnis gegeben (vgl. Linehan 2006, S. 83). Sodann beginnen die Behandlungsstufen.
Zunächst soll der fehlenden Verhaltenskontrolle therapeutisch begegnet werden, indem hochgradig suizidale und lebensgefährdende Verhaltensweisen reduziert werden. Außerdem sollen therapiegefährdende Verhaltensweisen wie Nichterscheinen oder Nichtbefolgen therapeutischer Anordnungen vermindert werden. Auch Verhaltensweisen, die die Lebensqualität beeinträchtigen, sollen reduziert werden. Dies sind beispielsweise ökonomische und gesundheitliche Probleme, Arbeitslosigkeit, exzessive Hospitalisierung oder Drogenmissbrauch. Zudem sollen auch individuelle Therapieziele des Patienten erreicht werden. Fehlangepasste Verhaltensmuster sollen durch emotionale Regulation, Belastungstoleranz und adäquate zwischenmenschliche Verhaltensweisen ersetzt werden.
Kommt es seit der vorausgegangenen Sitzung zu einem Fehlverhalten, wird dies in der aktuellen Sitzung so lange thematisiert, bis dieses Verhalten aufhört. Kam es nicht zu Problemen auf diesen Gebieten, fokussiert sich die Sitzung auf Themen oder Probleme, an denen der Patient arbeiten möchte.

Die zweite Therapiestufe beginnt, wenn eine ausreichende Verhaltenskontrolle beibehalten werden kann. Ziel ist es hier, posttraumatische Stressreaktionen des Patienten zu reduzieren und ihn in der Fähigkeit zu stärken, Emotionen erleben und verarbeiten zu können.
In der dritten Therapiestufe werden allgemeinere Lebensprobleme bearbeitet, die zwar bedeutsam sind, jedoch keinen Einfluss auf die allgemeine Funktionsfähigkeit haben. Dies sind beispielsweise geringes Selbstvertrauen oder einfache Phobien. Ziel ist es hier, den Selbstwert zu heben.
In der vierten und letzten Stufe befasst sich die Therapie mit dem verbleibenden Gefühl von Unvollkommenheit, das bei vielen Patienten immer wieder aufkommt (vgl. Comtois/Cochran/Linehan 2000, S. 577 f.).

Neben der ambulanten Therapie sind auch stationäre oder tagesklinische Intensivprogramme in der DBT möglich. Die Intensivprogramme umfassen einen Zeitraum von ca. 12 Wochen und werden im Regelfall auf einer Spezialstation einer Klinik von einem störungsspezifisch ausgebildeten Team durchgeführt. Die Aufnahme erfolgt nach Vorgesprächen und entsprechender Diagnosestellung. In Deutschland gibt es aktuell ca. 30 stationäre Intensiv-Behandlungsstationen, diese sind im Dachverband DBT organisiert und unterziehen sich regelmäßig einer internen Qualitätskontrolle. Laut unterschiedlicher Studien profitieren etwa 60 % der in diesem Rahmen Behandelten sehr gut und dauerhaft von der Therapie (vgl. Bohus pp. 2012, S. 39).

Zur DBT gehören vielfältige Akzeptanz- und Änderungsstrategien. Diese werde ich im Folgenden in komprimierter Form wiedergeben:

Akzeptanz bedeutet in der DBT, die Stärken und Schwächen des Patienten wahrzunehmen, ohne jedoch zu sagen, dass alles in Ordnung ist. Um die in der Behandlung geforderten Änderungen ausgleichen zu können, ist die Vermittlung von Akzeptanz sehr wichtig.
Um Akzeptanz zu vermitteln, erhält der Patient Bestätigung. Ihm wird kommuniziert, dass bestimmte Gefühle, Verhaltensweisen und Gedanken verstehbar und sinnvoll sind. Zudem wird er gelobt, wenn er etwas erreicht hat, das ihn mit Stolz erfüllt. Durch Bestätigung können auf Dauer das Selbstbewusstsein und die Selbstbestätigung des Patienten verstärkt und aufgebaut werden, zudem wird der Therapieverlauf verdeutlicht und verstärkt.

Ebenso gehört es zu den Bestätigungsstrategien, dem Patienten aktiv zu vermitteln, dass seine Handlungen, Gedanken und Gefühle von Bedeutung sind. Dadurch wird ihm aktives Interesse entgegengebracht und seine vorgefertigten Hypothesen werden nicht bestätigt.
Eine weitere Bestätigungsstrategie ist die genaue Wiedergabe. Hier wiederholt der Therapeut die Gedanken, Gefühle und Verhaltensweisen des Patienten, um sicher zu gehen, dass er den Inhalt der Äußerungen richtig verstanden hat. Außerdem teilt er mit, welche unausgesprochenen Gefühle, Überzeugungen, Gedanken und Wertvorstellungen er wahrgenommen hat. Schafft er es, eine unausgesprochene Information korrekt zum Ausdruck zu bringen, kann dies auf den Patienten sehr eindrucksvoll wirken.
Eine weitere Bestätigungstechnik ist es, das Verhalten zu seinen Ursachen in Beziehung zu setzen, da angenommen wird, dass alle Verhaltensweisen des Patienten ihren Ursprung in realen Ereignissen haben und somit prinzipiell verstehbar sind. Viele dysfunktionale Gedanken, Gefühle und Verhaltensweisen basieren auf einer Lernerfahrung oder einer biologische Ursache. Außerdem wird vermittelt, dass Verhalten, Gedanken und Gefühle des Patienten auch in seiner aktuellen Situation völlig verständlich sind. Dabei muss jedoch zwischen normalem und nicht normalem Verhalten unterschieden werden.
Auch die radikale Echtheit gehört zu den Bestätigungstechniken. Sie umfasst sowohl einen ehrlichen Umgangsstil als auch eine Sichtweise, die den Patienten nicht als zerbrechlich oder unfähig zur Problemlösung behandelt. Dabei interveniert der Therapeut nicht aktiv, solange der Patient seine Probleme selbst bewältigen kann. In Zeiten, in denen dieser fragil ist, muss der Therapeut jedoch Verantwortung für ihn übernehmen. Dabei ist wichtig, dass er sich nicht als Autorität mit besonderen Fähigkeiten sieht, sondern eine Position von Respekt, Gleichheit und Verständnis einnimmt.
Außerdem gehört es zu den Akzeptanzstrategien, dem Patienten dazu zu verhelfen, Distanz zu seinen eigenen Gefühlen und Gedanken zu gewinnen, um diese erleben zu können. Dies lernt er, indem er sein eigenes Verhalten, seine Gefühle und Gedanken genau beobachtet, anstatt sie kontrollieren zu wollen oder sich von ihnen kontrollieren zu lassen.

Da neben der Akzeptanz die Veränderung zu der DBT gehört, gibt es auch eine Vielzahl an Änderungsstrategien. Hierbei handelt es sich um verhaltenstherapeutische Techniken, die sowohl untereinander als auch mit Akzeptanz- und dialektischen Strategien verknüpft werden. Je nach Bedarf kann von einer Strategie zu einer anderen gewechselt werden.
Zu den Änderungstechniken gehört zunächst die Aufklärung, bei der die Hintergründe der einzelnen Therapieschritte erläutert werden. Dabei wird erklärt, wie und warum bestimmte

Strategien und Interventionen durchgeführt werden und welchen Beitrag sie zur Erreichung des Therapieziels leisten.
Eine weitere Technik ist das Selbstmontoring, bei dem der Patient für jeden Tag angibt, welche in der Therapie vermittelten Kompetenzen er ausprobiert hat. Dies erhöht die Genauigkeit der Erinnerungen, außerdem führen Verhaltensbeobachtungen selbst bereits zu einer Verhaltensänderung. Die Aufzeichnungen werden in der folgenden Sitzung mit dem Therapeuten besprochen.
Verhaltensanalysen, Lösungsanalysen und Fallbeschreibungen werden durchgeführt, wenn es zu problematischem Verhalten kommt. Die Erstellung von Verhaltensanalysen wurde bereits in Kapitel 5.1. dargestellt. Nach der Erstellung der Analysen werden Lösungsansätze erarbeitet, um Dinge zu vermeiden, die Probleme auslösen oder aufrechterhalten.
Durch Kompetenztraining sollen dysfunktionale Reaktionen des Patienten durch hilfreiche Reaktionen ersetzt werden. Dazu werden dysfunktionale Verhaltensweisen aufgezeigt, gleichzeitig wird das Erlernen und Anwenden neuer Kompetenzen gefördert.
Auch Expositionsstrategien gehören zu den Änderungsstrategien, da harmlose Erlebnisse häufig mit traumatisierenden Erlebnissen verknüpft werden und dadurch intensive emotionale Reaktionen hervorrufen können. Durch eine Begegnung mit dem Auslöser des Vermeidungsverhaltens und durch die Auseinandersetzung mit Gefühlen von Furcht soll bewirkt werden, dass Begegnungen mit dem Auslöser nicht mehr vermieden werden.
Das Management von Einflussfaktoren befasst sich mit Verhaltensweisen und Ereignissen, die ein Verhalten bestrafen oder verstärken. Da Verhaltensweisen zu bestimmten Reaktionen in der Umwelt führen, erhöhen Verstärker die Wahrscheinlichkeit der Wiederholung eines bestimmten Verhaltens, während sie durch Strafen gesenkt wird. So nutzt der Therapeut diese Faktoren, indem er durch Verstärker oder Bestrafungen dazu beiträgt, hilfreiche Verhaltensweisen zu fördern und negative Verhaltensweisen zu reduzieren.
Strategien der kognitiven Umstrukturierung befassen sich mit den falschen Regeln, die das Verhalten der Patienten beherrschen. Für Borderline-Patienten ist es häufig schwierig, ihren eigenen Interpretationen zu trauen, da sie in ihrer Vergangenheit oft erlebt haben, dass ihr Urteil als falsch angesehen wurde. Deshalb sollen sie zunächst lernen, eigene Verhaltensregeln, Denkmuster und verbale Beschreibungen wahrzunehmen und in Worte zu fassen. Dann versucht der Therapeut, ungünstige Annahmen des Patienten zu identifizieren, in Frage zu stellen, kritisch zu benennen und alternative, funktional sinnvollere Denkmuster zu entwickeln. Dadurch kann der Patient lernen, seine störenden Denkmuster eigenständig zu restrukturieren (vgl. Comtois/Cochran/Linehan 2000, S. 580-588).

Zudem bedient sich die DBT unterschiedlicher Techniken. Exemplarisch möchte ich hier auf die Technik eingehen, die als „aus Zitronen Limonade machen“ bezeichnet wird. Diese Technik vermittelt ähnlich wie die Recovery-Bewegung, dass aus unerfreulichen Quellen nützliche Inhalte gewonnen werden können (vgl. Linehan 2006, S. 159). Marsha M. Linehan sagt hierzu folgendes: „Der Therapeut hat die schwierige Aufgabe, den Hoffnungsschimmer am Horizont zu erkennen, ohne zu leugnen, daß am Himmel auch schwarze Wolken zu sehen sind“ (Linehan 2006, S. 159). Hier wird einmal mehr deutlich, welch große Wichtigkeit neben allem strukturierten und durchdachten therapeutischen Vorgehen das Vermitteln von Hoffnung hat.

7. Schlussbetrachtung

Bei der Auseinandersetzung mit den Ursachen der Borderline-Persönlichkeitsstörung wird deutlich, dass nicht ausschließlich traumatische Ereignisse Ursache für die Entstehung der Störung sind, sondern dass die Entstehungsfaktoren sehr vielfältig sind. So können neben Traumatisierungen auch genetische Faktoren und ungünstige familiäre Entwicklungsbedingungen ausschlaggebend für die Entstehung einer Borderline-Störung sein. Gerade das Zusammenspiel der unterschiedlichen Faktoren stellt ein starkes Risiko dar.

Es bestehen vielfältige Möglichkeiten, in denen Sozialarbeiter in der Arbeit mit Borderline-Patienten tätig werden können. Die therapeutischen Tätigkeiten sind nicht nur Psychologen vorbehalten, sondern können zum Teil auch von Sozialarbeitern mit entsprechender Zusatzausbildung durchgeführt werden. Doch auch neben dem therapeutischen Bereich gibt es eine Vielzahl von Aufgaben, die von der sozialen Arbeit wahrgenommen werden können. Diese umfassen sowohl administrative als auch beratende und lebenspraktische Tätigkeiten.

Beeindruckend ist auch die Fülle der therapeutischen Möglichkeiten, die bei der Behandlung von Borderline-Persönlichkeitsstörungen angewandt werden. Hierbei kommen sowohl Therapiemethoden zum Einsatz, die auch bei anderen Erkrankungen eingesetzt werden als auch Methoden, die speziell für Borderline-Betroffene entwickelt wurden und somit auf die spezifische Problematik abzielen. Die guten Ergebnisse der Therapiemethoden, die in Langzeitstudien nachgewiesen werden konnten, sind überaus erfreulich. Als besonders förderlich für den Erfolg der Therapie hat sich auch eine gute zwischenmenschliche Ebene erwiesen.

Somit können auch Sozialarbeiter, die nicht im therapeutischen Bereich tätig sind, ihren Beitrag zur Gesundung der Betroffenen leisten. Begegnungen mit Borderline-Patienten finden nicht nur in spezifischen therapeutischen Settings statt, sondern auch in vielfältigen anderen Aufgabengebieten der sozialen Arbeit. So haben Sozialarbeiter beispielsweise im Rahmen der Krankenhaussozialarbeit oder der Suchtkrankenhilfe häufig mit Borderline-Patienten zu tun, ohne dass die Arbeit mit Borderline-Patienten ihr spezifisches Aufgabengebiet wäre.

Aus diesem Grund ist es wichtig, in den verschiedenen Einrichtungen der sozialen Arbeit gute Informationen zum Thema Borderline-Persönlichkeitsstörung weiter zu geben. Es ist hilfreich, die Zusammenhänge zwischen den Ursprüngen und den Äußerungsformen der Erkrankung publik zu machen, um so bei den Mitarbeitern der Einrichtungen für Verständnis für die mitunter anstrengenden und schwer nachvollziehbaren Verhaltensweisen der Betroffenen zu werben. Dadurch könnte ein hilfreicher und angemessener Umgang mit Borderline-Betroffenen gefördert werden.
Wichtig ist außerdem, dass sowohl den Mitarbeitern verschiedener Einrichtungen als auch den Betroffenen selbst vermittelt wird, dass Borderline-Störungen nicht unheilbar sind. Eine Veränderung der häufig hoffnungslosen Einstellung bei Betroffenen und Helfern könnte dadurch begünstigt werden, dass die guten Prognosen aus Langzeitstudien bekannt gemacht werden und der direkte Kontakt mit ehemals Betroffenen, die inzwischen genesen sind, gefördert wird. Deshalb kann es ein guter Ansatz sein, im Zusammenhang mit Borderline-Persönlichkeitsstörungen auch immer darauf hinzuweisen, wie dieser Erkrankung wirksam begegnet werden kann. So kann die Hoffnung auf Heilung gestärkt werden und dadurch eventuell sogar die Suizidrate der Betroffenen gesenkt werden.

Da im Verlauf des Buches immer wieder erkennbar wurde, welch wichtigen Beitrag die Hoffnung zur Genesung leisten kann, möchte ich meine Ausführungen mit folgendem Zitat von Jürgen Hargens beschließen: „*Hoffnung* gehört zu den Faktoren, die Einfluss auf den Therapieerfolg nehmen – und zwar unabhängig vom jeweiligen therapeutischen Modell“ (Hargens 2004, S. 71; Hervorhebung im Original).

8. Literaturverzeichnis

ABRAMS, Robert C.: Persönlichkeitsstörungen im Alter: Zusammenhänge zwischen Cluster-B-Störungen und Depression. In: KERNBERG, Otto F./ DULZ, Birger/SACHSSE, Ulrich (Hrsg.): Handbuch der Borderline-Störungen. Stuttgart 2000, S. 803-810.

AMERING, Michaela/SCHMOLKE, Margit: Recovery. Das Ende der Unheilbarkeit. Bonn 2007.

ARMBRUSTER, Jürgen/SCHULTE-KEMNA, Georg/KLUZA, Rainer: Personenzentrierte Organisation psychiatrischer Hilfen als Herausforderung für die Träger. In: ARMBRUSTER, Jürgen/SCHULTE-KEMNA, Georg/WIDMAIER-BERTHOLD, Christa (Hrsg.): Kommunale Steuerung und Vernetzung im Gemeindepsychiatrischen Verbund. Bonn 2006, S. 77-86.

BOHUS, Martin: Dialektisch Behaviorale Therapie der Borderline-Störung im stationären Setting. In: MEROD, Rudi (Hrsg.): Behandlung von Persönlichkeitsstörungen. Ein schulenübergreifendes Handbuch. Tübingen 2005, S. 465-502.

BOHUS, Martin/REICHERZER, Markus: Ratgeber Borderline-Störung. Informationen für Betroffene und Angehörige. Göttingen 2012.

CIERPKA, Manfred/REICH, Günter: Familientherapie bei Patienten mit Borderline-Persönlichkeitsstörungen. In: KERNBERG, Otto F./ DULZ, Birger/SACHSSE, Ulrich (Hrsg.): Handbuch der Borderline-Störungen. Stuttgart 2000, S. 613-623.

COMTOIS, Katherine Anne/CHOCHRAN, Bryan N./LINEHAN, Marsha M.: Die verhaltenstherapeutische Behandlung der Borderline-Persönlichkeitsstörungen. In: KERNBERG, Otto F./ DULZ, Birger/SACHSSE, Ulrich (Hrsg.): Handbuch der Borderline-Störungen. Stuttgart 2000, S. 573-594.

CONEN, Marie-Luise/CECCHIN, Gianfranco: Wie kann ich Ihnen helfen, mich wieder loszuwerden? Therapie und Beratung in Zwangskontexten. Heidelberg 2007.

DAMMANN, Gerhard/BUCHHEIM, Peter/CLARKIN, John F./KERNBERG, Otto F.: Einführung in die übertragungsfokussierte, manualisierte psychodynamische Therapie der Borderline-Störung. In: KERNBERG, Otto F./ DULZ, Birger/SACHSSE, Ulrich (Hrsg.): Handbuch der Borderline-Störungen. Stuttgart 2000, S. 461-481.
DAMMANN, Gerhard/CLARKIN, John F./KÄCHELE, Horst: Psychotherapieforschung und Borderline-Störung: Resultate und Probleme. In: KERNBERG, Otto F./ DULZ, Birger/SACHSSE, Ulrich (Hrsg.): Handbuch der Borderline-Störungen. Stuttgart 2000, S. 701-730.

DEGER-ERLENMEIER, Heinz/WALTER, Karlheinz: Selbsthilfe: die Angehörigengruppe. In: BUNDESVERBAND DER ANGEHÖRIGEN PSYCHISCH KRANKER E.V. (Hrsg.): Mit psychisch Kranken leben. Rat und Hilfe für Angehörige. Bonn 2001, S. 156-163.

DBSH (DEUTSCHER BERUFSVERBAND FÜR SOZIALARBEIT, SOZIALPÄDAGOGIK UND HEILPÄDAGOGIK E.V.) (Hrsg.): Qualitätskonzept für die Sozialarbeit in den psychiatrischen Kliniken. Berlin 2002.

DSM-IV: DSM-IV-Merkmalskatalog der Borderline-Persönlichkeitsstörung (301.83). In: KERNBERG, Otto F./ DULZ, Birger/SACHSSE, Ulrich (Hrsg.): Handbuch der Borderline-Störungen. Stuttgart 2000, S. 837.

DULZ, Birger: Der Formenkreis der Borderline-Störungen: Versuch einer deskriptiven Systematik. In: KERNBERG, Otto F./ DULZ, Birger/SACHSSE, Ulrich (Hrsg.): Handbuch der Borderline-Störungen. Stuttgart 2000, S. 57-74.

DULZ, Birger/JENSEN, Maren: Aspekte einer Traumaätiologie der Borderline-Persönlichkeitsstörung: psychoanalytisch-psychodynamische Überlegungen und empirische Daten. In: KERNBERG, Otto F./ DULZ, Birger/SACHSSE, Ulrich (Hrsg.): Handbuch der Borderline-Störungen. Stuttgart 2000, S. 167-193.

DULZ, Birger/SCHREYER, Dagmar/NADOLNY, Astrid: Stationäre Psychotherapie: von haltender Funktion, technischer Neutralität und persönlicher Sympathie. In: KERNBERG, Otto F./ DULZ, Birger/SACHSSE, Ulrich (Hrsg.): Handbuch der Borderline-Störungen. Stuttgart 2000, S. 483-504.

FREEMAN, Arthur/CHRISTNER, Ray W.: Kognitive Verhaltenstherapie bei Persönlichkeitsstörungen. In: MEROD, Rudi (Hrsg.): Behandlung von Persönlichkeitsstörungen. Ein schulenübergreifendes Handbuch. Tübingen 2005, S. 107-144.
GAEBEL, Wolfgang/MÖLLER, Hans-Jürgen/RÖSSLER, Wulf: Einführung. In: GAEBEL, Wolfgang/MÖLLER, Hans-Jürgen/RÖSSLER, Wulf (Hrsg.): Stigma – Diskriminierung – Bewältigung. Der Umgang mit sozialer Ausgrenzung psychisch Kranker. Stuttgart 2005, S. 1-6.

GÖTZE, Paul: Suizidalität der Borderline-Patienten. In: KERNBERG, Otto F./ DULZ, Birger/SACHSSE, Ulrich (Hrsg.): Handbuch der Borderline-Störungen. Stuttgart 2000, S. 281-292.

GUNDERSON, John G.: Borderline. Diagnostik. Therapie. Forschung. Bern 2005.

GUNIA, Hans/FRIEDRICH, Jürgen/HUPPERTZ, Michael: Evaluation eines ambulanten DBT-Netzwerkes – Erste Ergebnisse. In: MEROD, Rudi (Hrsg.): Behandlung von Persönlichkeitsstörungen. Ein schulenübergreifendes Handbuch. Tübingen 2005, S. 523-547.

HARGENS, Jürgen: Aller Anfang ist ein Anfang. Gestaltungsmöglichkeiten hilfreicher systemischer Gespräche. Göttingen 2004.

HEIM, Susanne (a): Unermüdlich und allzeit bereit – Wie hilfreich sind selbstlose Angehörige? In: BUNDESVERBAND DER ANGEHÖRIGEN PSYCHISCH KRANKER E.V. (Hrsg.): Mit psychisch Kranken leben. Rat und Hilfe für Angehörige. Bonn 2001, S. 9-19.

HEIM, Susanne (b): ... und (k)einen Platz für Kinder? Ein „blinder Fleck" der Angehörigenarbeit in der Psychiatrie. In: BUNDESVERBAND DER ANGEHÖRIGEN PSYCHISCH KRANKER E.V. (Hrsg.): Mit psychisch Kranken leben. Rat und Hilfe für Angehörige. Bonn 2001, S. 174-178.

HERPERTZ, Sabine/SAß, Henning: Die Borderline-Persönlichkeitsstörung in der historischen und aktuellen psychiatrischen Klassifikation. In: KERNBERG, Otto F./ DULZ,

Birger/SACHSSE, Ulrich (Hrsg.): Handbuch der Borderline-Störungen. Stuttgart 2000, S. 115-123.

HILDENBRAND, Bruno/WELTER-ENDERLIN: Rosemarie: Systemische Therapie als Begegnung. Stuttgart 1996.

JANSSEN, Paul L.: Inszenierung der Borderline-Pathologie im stationären Raum. In: KERNBERG, Otto F./ DULZ, Birger/SACHSSE, Ulrich (Hrsg.): Handbuch der Borderline-Störungen. Stuttgart 2000, S. 505-513.

KANDZIORA, Elizabeth: Systemischer Ansatz. In: DEUTSCHER VEREIN FÜR ÖFFENTLICHE UND PRIVATE FÜRSORGE E.V. (Hrsg.): Fachlexikon der sozialen Arbeit. Baden-Baden 2007, S. 955.

KERNBERG, Otto F.: Die übertragungsfokussierte (oder psychodynamische) Psychotherapie von Patienten mit einer Borderline-Persönlichkeitsorganisation. In: KERNBERG, Otto F./ DULZ, Birger/SACHSSE, Ulrich (Hrsg.): Handbuch der Borderline-Störungen. Stuttgart 2000, S. 447-460.

KNUF, Andreas: Die Recovery-Bewegung: Hoffnung, Sinn, Gesundheit. In: Psychologie Heute. 34. Jg. H. 9, 2007, S. 42-45.

KOENIGSBERG, Harold W.: Gegenübertragung. In: KERNBERG, Otto F./ DULZ, Birger/SACHSSE, Ulrich (Hrsg.): Handbuch der Borderline-Störungen. Stuttgart 2000, S. 87-97.

KOENIGSBERG, Harold W./SIEVER, Larry J.: Die Neurobiologie der Borderline-Persönlichkeitsstörung. In: KERNBERG, Otto F./ DULZ, Birger/SACHSSE, Ulrich (Hrsg.): Handbuch der Borderline-Störungen. Stuttgart 2000, S. 207-216.

LINEHAN, Marsha M.: Dialektisch-Behaviorale Therapie der Borderline-Persönlichkeitsstörung. München 2006.

MCGLASHAN, Thomas H.: Langzeitverlauf der Borderline-Persönlichkeitsstörung: Verlauf, Prognose, Komorbidität, Grundlagen. In: KERNBERG, Otto F./ DULZ, Birger/SACHSSE, Ulrich (Hrsg.): Handbuch der Borderline-Störungen. Stuttgart 2000, S. 673-686.

MENTZOS, Stavros: Die psychotischen Symptome bei Borderline-Störungen. In: KERNBERG, Otto F./ DULZ, Birger/SACHSSE, Ulrich (Hrsg.): Handbuch der Borderline-Störungen. Stuttgart 2000, S. 413-426.

MENTZOS, Stavros: Borderline-Störungen: Führt die inflationäre Ausweitung des Konzepts zu seiner Auflösung? Versuch einer Rettung. In: MENTZOS, Stavros, MÜNCH, Alois (Hrsg.): Borderline-Störung und Psychose. Göttingen 2003, S. 51-73.

MEROD, Rudi: Psychische Gesundheit, Persönlichkeitsstil und Persönlichkeitsstörung. In: MEROD, Rudi (Hrsg.): Behandlung von Persönlichkeitsstörungen. Ein schulenübergreifendes Handbuch. Tübingen 2005, S. 21-52.

MÖHLENKAMP, Gerd: Was ist eine Borderline-Störung? Antworten auf die wichtigsten Fragen. Göttingen 2004.

OSOFSKY, Joy D.: Aspekte der frühen Entwicklung als Verständnisgrundlage der Borderline-Persönlichkeitsorganisation. In: KERNBERG, Otto F./ DULZ, Birger/SACHSSE, Ulrich (Hrsg.): Handbuch der Borderline-Störungen. Stuttgart 2000, S. 743-754.

PARIS, Joel (a): Kindheitstrauma und Borderline-Persönlichkeitsstörung. In: KERNBERG, Otto F./ DULZ, Birger/SACHSSE, Ulrich (Hrsg.): Handbuch der Borderline-Störungen. Stuttgart 2000, S. 159-166.

PARIS, Joel (b): Soziale Faktoren der Borderline-Persönlichkeitsstörung. Eine historisch-kulturelle Betrachtung. In: KERNBERG, Otto F./ DULZ, Birger/SACHSSE, Ulrich (Hrsg.): Handbuch der Borderline-Störungen. Stuttgart 2000, S. 811-817.

PFEIFER, Samuel/BRÄUMER, Hansjörg: Die zerrissene Seele. Borderline-Störungen und Seelsorge. Wuppertal 2004.

PONS: Kompaktwörterbuch für alle Fälle. Englisch-Deutsch. Stuttgart 2002.

PUPATO, Katharina: Psychiatrie in den Medien. In: GAEBEL, Wolfgang/MÖLLER, Hans-Jürgen/RÖSSLER, Wulf (Hrsg.): Stigma – Diskriminierung – Bewältigung. Der Umgang mit sozialer Ausgrenzung psychisch Kranker. Stuttgart 2005, S. 83-99.

RAHN, Ewald: Umgang mit Borderline-Patienten. Bonn 2003.

REDDEMANN, Luise/SACHSSE, Ulrich: Traumazentrierte Psychotherapie der chronifizierten, komplexen Posttraumatischen Belastungsstörung vom Phänotyp der Borderline-Persönlichkeitsstörungen. In: KERNBERG, Otto F./ DULZ, Birger/SACHSSE, Ulrich (Hrsg.): Handbuch der Borderline-Störungen. Stuttgart 2000, S. 555-571.

REINERT, Thomas: Therapie an der Grenze: die Borderline-Persönlichkeit. Modifiziert-analytische Langzeitbehandlungen. Stuttgart 2004.

RICHTER, Stephan/OBERT, Klaus: Das Versorgungssystem für psychisch kranke Menschen. In: BUNDESVERBAND DER ANGEHÖRIGEN PSYCHISCH KRANKER E.V. (Hrsg.): Mit psychisch Kranken leben. Rat und Hilfe für Angehörige. Bonn 2001, S. 47-96.

ROHDE-DACHSER, Christa: Borderline-Störungen – Trauma, Persönlichkeitsstörung oder Rückzugsposition? Einige theoretische Überlegungen. In: MENTZOS, Stavros, MÜNCH, Alois (Hrsg.): Borderline-Störung und Psychose. Göttingen 2003, S. 9-37.

ROHDE-DACHSER, Christa: Das Borderline-Syndrom. Bern 2004.

RÜESCH, Peter: Soziale Netzwerke und Lebensqualität. In: GAEBEL, Wolfgang/MÖLLER, Hans-Jürgen/RÖSSLER, Wulf (Hrsg.): Stigma – Diskriminierung – Bewältigung. Der Umgang mit sozialer Ausgrenzung psychisch Kranker. Stuttgart 2005, S. 196-211.

RUIZ-SANCHO, Ana/GUNDERSON, John, G.: Familien von Patienten mit Borderline-Persönlichkeitsstörungen: ein Literaturüberblick. In: KERNBERG, Otto F./ DULZ, Birger/SACHSSE, Ulrich (Hrsg.): Handbuch der Borderline-Störungen. Stuttgart 2000, S. 771-791.

SACHSSE, Ulrich: Selbstverletzendes Verhalten – somatopsychosomatische Schnittstelle der Borderline-Persönlichkeitsstörung. In: KERNBERG, Otto F./ DULZ, Birger/SACHSSE, Ulrich (Hrsg.): Handbuch der Borderline-Störungen. Stuttgart 2000, S. 347-370.

SCHERRMANN, Thomas E./WALTER, Karlheinz: Leitlinien für den Umgang mit psychisch Kranken. In: BUNDESVERBAND DER ANGEHÖRIGEN PSYCHISCH KRANKER E.V (Hrsg.): Mit psychisch Kranken leben. Rat und Hilfe für Angehörige. Bonn 2001, S. 149-155.

SCHMITZ, Bernt/SCHUHLER, Petra/HANDKE-RAUBACH, Annette/JUNG, Andreas: Kognitive Verhaltenstherapie bei Persönlichkeitsstörungen und unflexiblen Persönlichkeitsstilen. Ein psychoedukativ- und kompetenzorientiertes Therapieprogramm zur Förderung von Selbstakzeptanz, Menschenkenntnis und persönlicher Entwicklung. Lengerich 2001.

SCHULZE, Beate: Stigmatisierungserfahrungen von Betroffenen und Angehörigen: Ergebnisse von Fokusgruppeninterviews. In: GAEBEL, Wolfgang/MÖLLER, Hans-Jürgen/RÖSSLER, Wulf (Hrsg.): Stigma – Diskriminierung – Bewältigung. Der Umgang mit sozialer Ausgrenzung psychisch Kranker. Stuttgart 2005, S. 122-144.

SIPOS, Valerija/SCHWEIGER, Ulrich: Stationäres Konzept zur Behandlung von Borderline-Persönlichkeitsstörungen mit hoher Komorbidität. In: MEROD, Rudi (Hrsg.): Behandlung von Persönlichkeitsstörungen. Ein schulenübergreifendes Handbuch. Tübingen 2005, S. 503-522.

STAUB-BERNASCONI, Silvia: Soziale Arbeit als Handlungswissenschaft. Bern 2007.

STONE, Michael H. (a): Entwickelt sich die Borderline-Persönlichkeitsstörung zu einem Massenphänomen? Überblick über epidemiologische Daten und Hypothesen. In: KERNBERG, Otto F./ DULZ, Birger/SACHSSE, Ulrich (Hrsg.): Handbuch der Borderline-Störungen. Stuttgart 2000, S. 3-9.

STONE, Michael H. (b): Wesentliche prognostische Faktoren für die Borderline-Persönlichkeitsstörung. In: KERNBERG, Otto F./ DULZ, Birger/SACHSSE, Ulrich (Hrsg.): Handbuch der Borderline-Störungen. Stuttgart 2000, S. 687-700.

USTORF, Anne-Ev: Borderline: Das schwierige Leben in einer schwarz-weißen Welt In: Psychologie Heute. 41. Jg. H. 7, 2014, S. 44-49.

VON SPRETI, Flora: Kunsttherapie bei Borderline-Störungen – Ein integratives psychotherapeutisches Behandlungsangebot im psychiatrisch-klinischen Setting. In: MEROD, Rudi (Hrsg.): Behandlung von Persönlichkeitsstörungen. Ein schulenübergreifendes Handbuch. Tübingen 2005, S. 267-286.

WELTGESUNDHEITSORGANISATION: Taschenführer zur ICD-10-Klassifikation psychischer Störungen. Mit Glossar und Diagnostischen Kriterien ICD-10:DCR-10. Bern 2006.

WIRTZ, Ursula: Seelenmord. Inzest und Therapie. Zürich 1990.

ZÄSKE, Harald/BAUMANN, Anja/GAEBEL, Wolfgang: Das Bild des psychisch Kranken und psychiatrischer Behandlung in der Bevölkerung. In: GAEBEL, Wolfgang/MÖLLER, Hans-Jürgen/RÖSSLER, Wulf (Hrsg.): Stigma – Diskriminierung – Bewältigung. Der Umgang mit sozialer Ausgrenzung psychisch Kranker. Stuttgart 2005, S. 56-83.

ZIMMERMANN, Jörg: Borderline-Störung. In: DEUTSCHER VEREIN FÜR ÖFFENTLICHE UND PRIVATE FÜRSORGE E.V. (Hrsg.): Fachlexikon der sozialen Arbeit. Baden-Baden 2007, S. 142-143.

Internetquelle:

DBSH: Neue Definition von Sozialarbeit.

http://www.dbsh.de/html/hauptteil_wasistsozialarbeit.html (Datum Zugriff: 20.12.2007).

32787596R00056

Printed in Poland
by Amazon Fulfillment
Poland Sp. z o.o., Wrocław